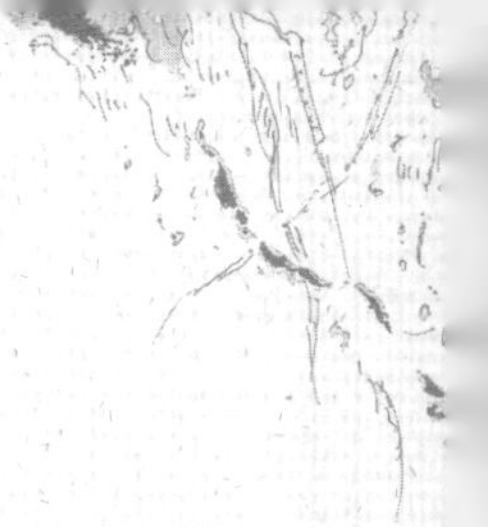

Kawazu Kiyoe
河津聖恵

パルレシア parrhesia

震災以後、詩とは何か

思潮社

パルレシア——震災以後、詩とは何か

河津聖恵

思潮社

装幀・装画——毛利一枝

目次

第四章　アンガジェせよ、と誘う他者たちのほうへ

第五章　エクリチュールの共産主義《コミュニズム》のために

終章　詩は未来の闇に抗えるか

パルレシア——震災以後、詩とは何か

第一章　パルレシア——震災以後、詩とは何か

#「パルレシア……」または命がけの比喩という行為——震災以後、詩とは何か

古代ギリシャにおいて、自由という単語には二通りの表現があった。まず一つは身体の自由である「エレウテリア」。そしてもう一つは思想・表現の自由である「パルレシア」。樽の中に住んだ等の奇行で知られる哲学者ディオゲネスは、「世の中で最も素晴らしいものは何か」と問われ、「それはパルレシアだ」と答えたという。パルレシア。何についてでも率直に真実を語ること。脅迫をも、迫害をも、殺されることをも恐れず、自由に語ること。私はこの言葉を辺見庸氏のエッセイ「おいしい水」(『水の透視画法』所収)で知った。

辺見氏はMさんという婦人に、ある時「猛犬注意!」という木札を買ってきて欲しいと頼む。だが辺見氏の小さな犬を知るMさんは「ここには猛犬はいない」と納得しない。実直なMさんは真実を曲げる訳にはいかないのだ。結局「猛」と「!」をとったものを特注して貰うことになったが、辺見氏は自省する。「『猛』と『!』をとればそうそこにはなりませんよ、とうまく相手をいいくるめたやりかた。それは政治であって、人をうやまうまっとうな言葉のありようでは

ない」。もちろんMさんのような「篤実な人の心根に政治や宗教はつけいり、どこまでも食いものにして肥えふとる」のは事実だ。だがMさんが汲んできた水を飲み干した氏はおのずと「パルレシア……」と呟く。エッセイは「若い日のその言葉にうっすら覚えはあるのだ。水はおいしいのに、口はまだ苦い」と結ばれる。口に残った苦さは、辺見氏自身の魂の陰翳の味である。

「パルレシア」。その言葉が、今震災以後の詩について考える時に、それこそ水のように私の中にも湧いてくる。透明さのどこかに、苦みの陰翳も添えて。

辺見氏の水の比喩を借りて言えば、詩は今、率直に真実を語るための「透明さ」を、あらためて持ち直さなくてはならないだろう。あるいは、少なくとも表層的には不透明になってしまった詩は、不透明さの極まりとしてであれ、「透明さ」をもう一度創造しなくてはならない、と感じている。そもそも詩には、「透明であろうとする」固有の力がある。詩は、この世の汚辱によって混濁した「言葉の水」を、すぐれた比喩の力で鎮め「透明」にすることが出来る。あるいは詩とは、言葉を持ったがゆえに汚れた人間が、「透明であろうとする」生命の蘇生の力をふたたび獲得するための小さな根拠地である。当然詩もまた今や「透明」となることは疑わしい。しかしだからこそ「透明」へのつよい志向を持たなくてはならないのではないか。あるいは詩は「透明」であることをもはや恐れてさえいるかもしれない。ならば疑念と葛藤しつつ、「透明」への昇華をたえず試みなければならないのではないか。

余り口にしたくないことだが、現実の水、あるいは「現実という水」はすでに複雑怪奇に汚れている。蛇口からコップに一杯の水を注いでみれば分かる。今、誰がそれを疑いなしに飲み干すことが出来るだろうか。光の中に掲げてみれば分かる。装われた「透明さ」の奥に、鏡の裏箔のような毒の気配がひしめいていないか。飲んでみれば分かる。味覚のどこかに「ニガヨモギの苦さ」が執拗に残り続けないか。私もまた口を付けかねコップを置いてしまうだろう。「透明さ」が偽りかもしれないという不安のためだけでなく、かすかに感じた「苦さ」が、水のものか自分のものか分からなくなってくるからだ。

世界は疑わしい。この一杯の水には放射性物質が含まれているのではないか。政治家から詩人まで美しい言葉を語る人々の「きれいごと」には、途方もない悪が忍ばせてあるのではないか。やがて自分のものか他人のものか分からない暗い声も始まる——これまで知っていた歴史は、真実の歴史だろうか。誰が原発など望んできたのか。歴史には別の歴史の亡霊が、無数に蠢いていないか。美しいと言われてきた詩も、本当に美しいと言えるものだったか。美しいと感嘆してきたこと自体、本当に美しいことだったか。疑わしいのは世界や歴史ではなく、疑う自分自身ではないか。放射性物質は、もはや疑う私自身の内部に巣喰っていないか。私の言葉にも放射性物質が宿っているのではないか。悪は「きれいごと」を疑う私自身をすでに侵しているのではないか。歴史の亡霊たちを殺してきたのは私ではないのか。私は、美しいと言いうるすべてに対する感受性をみずから放棄してきたのではないか――。

3・11以後、それ以前から十分醸成されていた私たちの疑念は今、世界と自分の双方へと一斉に拡がり出している。自分と自然という根源的な関係性にまで、放射性物質という最大の人工悪が浸透している。政治家は平気で嘘偽りを語り最悪の事態を先送りにし、私たちはそれを嘘偽りと知りながらも、いずれ何とかなるだろう、忘れてしまえと感覚失認を繰り返す。辺見氏の言う「透明なすさみ」が拡がり続けている。すさみは透明だからこそたやすく浸透していく。もちろん水に「すさみ」をしのばせる人間は確かにいる。だがかれらは悪い水を言葉巧みに売りながらもいつしか、この水は透明だと自分自身でも思い込む。一方「透明さ」を危ないと知りながら信じる人々もまた、いつしか「すさみ」の共犯者となり汚れていく。そのような「すさみ」が、政治と人々の関係を「良好に」歪ませていく。

今、「パルレシア」=真実を率直に語るという行為を実現することは、とても難しい。「おいしい水」の透明さを信じ無心に飲むように、真実を濁りなき言葉によって他者の胸へストレートに届けたいという思いは確かに高まっている。だが現実に向き合えばそれは、様々に翳らされていく。透明だと信じる真実も、じつは汚れた虚偽かもしれない。汚れた虚偽を糾弾する自分もまた、十分汚れているはずだ。耳を澄ませばふたたび、自分のものか他人のものか分からない声が聞こえる――原発の過酷事故に、おまえもまた責任があるじゃないか、事故が起こってしまってからデモや署名をしても自己満足に過ぎないではないか、被災地ではなく身の回りの放射能汚染を心配するなんてエゴイズムだ……。

「透明さ」が今、「透明」であるがゆえに必然的に孕む無限の陰翳＝「水の苦さ」。だが、だからこそ「パルレシア」が必要なのだ。それは、嘘偽りや無関心が執拗な被膜となって社会を覆いつくし、言葉を持つ人間を窒息寸前に至らしめている今、まさにつよく求められている行為である。誰しもが今「パルレシア」を、夢の水の中で求めあがいている。求められているのは空気ではない（空気ならばこの空虚な世界には満ち満ちている）。率直に真実を語るための言葉が欲しいのだ。そしてそのための声の通路を、自分自身の内部に拓きたいのだ。

3・11直後から、多くの詩人たちが震災についての詩を書くことを試みてきた。ある者は、震災のさなかでみずからの怯えと絶望感を刻々と綴り、ある者は、原発被害の事実を赤裸々に書き、あるいはある者は、これまでどれほどの異変が報告されてきたかを、怒りをこめて列記した。だがそれらはすべて、詩と言うにはあまりに散文的であり、言葉を必然的に緩めた心情の吐露であり、恐ろしい現実のただ中で木の葉のように揺動する自分自身をまずは救おうとする、言わば自己救済のうたであったと言える。それらを「パルレシア」と呼ぶには何かが足りない。それらは確かに作者たちが置かれた状況下における内的真実を率直に語り、感銘さえも呼んでいる。だが3・11以後、一気にこの社会の言葉を完全制覇してしまった無関心や無力感を突き破って、別な現実に触れようとはしない。しかし普遍的な真実とは、現実や事実そのものに留まるものではなく、それらを突き抜ける非現実的な力を必ずもたらすものなのだ。

つまり端的に言えば、それらの詩には別な現実に触れようとする比喩が、意図的にかほぼ存在しない。震災のただ中で比喩として昇華する余裕もなかったのだ、と言われればそれまでだが、一方でそれらの詩を根拠に、大震災を前に比喩は死んだ＝詩は死んだ＝無力である、という悲観的な（にもかかわらず平然とした）論調が生まれていることに、私は大きな危惧を覚える。書き手自身がみずから、読み手よりも先んじて詩の無力を宣言し、比喩を放棄することを正当化するのは間違いではないか。詩が無力かどうか、詩は死んだかどうかを決める権利があるのは、書き手ではなく読み手ではないか。書き手自身が従来の手法でこの事態を昇華できないからと言って、詩は死んだなどと乱暴な断言をするのは、傲慢以外何ものでもないはずだ。詩＝比喩は震災によって唐突に死んだのではない。想定外の震災被害や原発過酷事故をもたらしたのと同じ何者かによって、すでに長い時をかけて殺されてきたのだ。

今、新しい比喩こそが待たれている。一気に別な現実の輝きに触れることで、水の濁りを突き抜け、他者との共感の通路を創造しうる比喩が。その結果、この汚れていくばかりの絶望的な現実が、別の意味合いを帯びてくるような神話的な、宇宙的な比喩が。詩本来の想像力で、消えゆこうとする現実の空をふたたび押し広げ飛翔するための比喩が。汚い現実と化していくこの悲しい世界を、人間の痛みが極まる一点から、鮮やかな虚構へとめくり返す比喩が。真実というものの存在を、隠されている星のように信憑させてくれる比喩が。いつしか星さえ見上げることも忘れ、ばらばらの生存のコップに閉ざされ、孤独の嵐に苛まれていた人間の暗い水に遙かな星の光を映り込ませ、未知の星座の夢を再びもたらす比喩が。

つまり震災以後生まれるべき比喩とはそのように、一人一人の詩と人間への思いの中で、比喩として予感される比喩なのだ。少なくとも私たちが震災後も（震災後こそ）詩を諦めないのならば、比喩の力による「パルレシア」を試みるべきだ。失われてきた（殺されてきた）比喩という詩的・人間的な次元に、再び蘇生の血を通わせることを。詩＝比喩を小さな根拠地として、自分が感じ取った真実を率直に語り、何ものをも恐れず自由にうたうことを。震災以後、そのような詩＝比喩の存在自体が、人には奪われてはならない表現と自由の権利があるという主張としての意味を鋭く放つだろう。つまり震災以後の詩とは、「パルレシア」の意志としての詩であると私は思う。それは震災と原発事故によって、人間としての権利を剝奪されたことを嘆き訴える声々と、遙かに共鳴しあわずにはいられないはずだ、と。

T・W・アドルノは、「アウシュヴィッツ以後、詩を書くのは野蛮だ」と言ったが、後にパウル・ツェランの詩を読み、それは「間違っていたかもしれない」と撤回した。望むらくは、そのように、この社会を覆い続ける圧倒的な無力感や敗北感をかすかに、だが絶対的に覆す詩が生まれることを。闇が深くなったからこそ光を増す星々を、命がけの比喩という行為《パルレシア》が名づけえない星座として結びつけていくことを。

もっと「いのちの表現」を――震災後にツイッターを始めて

四月末にツイッターを始めた。毎日暇を見つけては、ネットの闇に言葉を放っている。これまで敬遠していたツールだったが、活用し始めたきっかけは、大震災の後、不気味に静まり返った日常に不安と疑問を感じ、もっと情報が欲しい、他人の今の本音を知りたい、刻々と迫る危機について語り合いたいと願ったからだ。

今最もツイートされているのは、放射能をめぐる話題。数値や物質名、憶測や噂も交えて様々な情報が行き交う。それらも、直ちに健康に被害がないと腹を括り無視を決め込めば、この世に存在しないも同然だ。だが一旦意識すれば無意識にまで止めどなく食い込んでくる。今「透明な悪魔」は、現実の空気だけでなく仮想空間にさえ跳梁跋扈している。

「放射能」。それはこれまで最も非日常的な言葉だった。最悪の危険だからこそ封じられてきたのであり、恐らく「死」や「性」や「差別」よりもタブーだった。だが今、最も語り語られねばならない不気味な呪語となった。この不可視の悪魔を、詩人はいかに詩へねじふせられるか。震災直後、私は想像の被災地の瓦礫を歩む人をモチーフに詩を書いたが、放射能の詩はまだ書いていない。来るべきその詩は恐らく恐怖をテーマとせざるをえない。だが詩と恐怖の両立は難しい。ひりひりとした皮膚感覚を言葉へ昇華するほどの力を、詩人は養ってきただろうか。詩もまた、未知の領域に向かい変貌を迫られている。

ある時「雨のように降ってくる」と書こうとして止めた。雨と抒情的に絡めようとしたのだが、やはり感傷的に思えたからだ。そのことをすかさずツイートした。「実際悪魔は四方八方から容赦なく私たちを襲っている」。すると福島の人から返ってきた。「福島の人間には、今『皮膚に染みてくるもの』なのです」。内部被曝イコール呼吸であり食物なのだ、と言い添えてあった。ストレートな表現に戦慄した。放射能の影響が距離に反比例するように、言葉もまた、遠い被災地ではいのちの中からリアリティの濃度を上げているのだ。

今私たちは自分自身の恐怖に耳を澄まし、それぞれの「いのちの表現」を率直に持つべきだ。「一人一人の静かな絶叫のようなコトバしか、この諦念しきった無感覚な空気は切り裂けないから」。自分自身へ言い聞かせるようにツイートすると、ネットの闇はしばらく引用を繰り返し、やがて「集合的無意識」の闇の奥へと吸い込んでいった。

「声の道」を拓くために——東日本大震災にとって詩とは何か

七月初め、私は宮城県石巻市で行われた「復興ウォーキング」に参加した。炎天下、画面でしか見たことのなかった風景を三六〇度、五感で体感しながら瓦礫の原を歩いた。空気には聞こえない音波が満ち、乾いた瓦礫はつねに波動をこちらに送ってきた。津波に内部をさらわれた家々は声なく絶叫していた。水産加工場跡の異臭は体の底から言葉を奪った。覆うもののない瓦礫の原は一面、ものみなの悲鳴によって強く発光していた。

言葉を奪った鋭い音波の余韻。だが無意識に投げ込まれたそれは、未知の言葉の核を作った。3・11の圧倒的な現実を前に途絶えていた詩作が、その後私に再び始まった。心に突き刺さった音波のナイフが、塞がれていた詩の通路をこじあけてくれたといえよう。あの日私もまた自分のものともつかない悲鳴を上げたが、ようやくイメージや意味の次元でかたちが生まれ始めている。もちろん悲鳴の根の辺りはまだ闇に残しながら。

悲鳴と言葉。塞がれたその間を突破できないことが、今詩人たちに深い無力感を与えている。

悲鳴は実際の光景に対してだけではない。言葉や文化の「バベルの塔」が一気に崩れ落ちた、一人一人の「世界崩壊感覚」から上がったはずだから。

悲鳴vs言葉。その対立項が今、「沈黙vs言葉」に代わり詩の現場に迫り上がってきている。だが求められているのは、悲鳴を引き写す言葉や、観念にねじ伏せる言葉ではない。悲鳴を素通りし、型通りの美意識のまま書かれる詩ではさらにない。現代詩はポストモダン以降、現実との関わりで「詩とは何か」を考えることを避けがちだった。脆弱で曖昧なモダニズムを享受し続けた結果、言葉の力は急速に失われた。3・11の破壊は、詩を根こぎにするのか。あるいは詩は、破壊の現実と向き合うことで「復興」できるのか。破壊の後にもなお、いや破壊の後だからこそ、ひとは真実の輝きを放つ言葉を求めている。

悲鳴と言葉の間。私の中の通路はだが、被災地で拓かれる以前すでに他者の言葉によって掘り進められていた。被災者が体験や思いを語り続ける真実の言葉、あるいは故郷の被災を目の当たりにした痛苦から、「瓦礫の中からことばを」とTVで熱く訴えた作家・詩人辺見庸の言葉、そして3・11以来、応答を求めるように読み続けた、それぞれが史上最悪の破壊と暴力を体験した詩人たち——原民喜(原爆)、石原吉郎(シベリア抑留)、パウル・ツェラン(アウシュヴィッツ)等——の詩によって。かれらはみな言葉を奪われた悲劇の後に、言葉への信頼と使命感を取り戻そうとした。

今日も悲鳴はどこかで上がる。瓦礫の中で応答して言葉が輝く。復興と共に忘却の明るい闇が深まろうとも、詩人は耳を澄ませ聞こえない悲鳴を捉えて、言葉に未知の輝きを見出さなくてはならない。悲鳴と言葉をつなぐ「声の道」（ツェラン）を拓くために。

「巨大な海綿状」の虚無とさえ引き合う詩
――辺見庸『国家、人間あるいは狂気についてのノート』（毎日新聞社）

大震災以後この国では、表層と深層、国家と人間、身体と心、言葉と意味の乖離が、もはや止めようもなく進行している。深層が表層を突き破り、新たな災厄や戦争が始まる予感さえする。前兆はどこにあるか。破滅を食い止めるために何が出来るか。私達は今を覆う明るい闇に眼をこらし「暗順応」し、「正気」を装う「狂気」を「視かえし」、実相を突きつけていかなくてはならない。本書は今なお見者たらんとする者に、「じっと視かえす」位置と方途を、魂を抉るように指し示してくれる。

冒頭で、メディアが総力をあげて隠す「日本的情念の古層」が指摘される。情念の発動には、恐怖と快楽の脳内回路の短絡が関わる。二・二六事件の首謀者が「あの快感は恐らく人生至上のものであらふ」と記したそれは、今「ファッショ的紋様となって表土にあらわれている」。それに応じるように、人や事物からアウラ（＝「ひとがただよわせる名状しがたい気配」）が失われていく。政治家は勿論、誰しもの言葉と声からも。もはや全ては本質から脱落した「スメグマ」（恥垢）だ。著者は痛切に叫ぶ。私達は「なにをしたくて、いままで生きてきたのか」「今日のこの日を見たかったのか」「言葉ははたしてつうじてきたのか」「わたしたちは、狂者か半狂者であることをわすれている」……世界を満たしていく偽りの欲望、自己幻想、死者である生者のおぞましい死者の夢。現実の泥は悪夢の通りにこね上げられていく。もはや事態は絶望か。だが真の絶望だけが世界を「視かえす」力をもたらすのだ。「狂者の目」だけが、正気を装う世界から狂気の実相を暴き出す。

次々突き出される実相は鮮烈だ。「轂《こしき》から遠くはずれた、方向をもたない」狂える「天翔ける輻《や》の群れ」という圧倒的なイメージは、互いに相争い破滅へ突き進む民衆や市民の狂気のあられもない姿であり、向かい合う無人の監房の闇に「いない」自分が座るという死刑囚の俳句の光景は、私達自身の「奪われた意識の空洞」に居すわるものの正体＝「われ知らず内面化された『私たちのファシズム』」（傍点ママ）をあぶり出す。あるいは一九四二年中国山西省の陸軍病院で、生体手術演習を行うために、怯える「患者」に「麻酔をするから痛くありません。寝なさい」と中国語で優しく囁きかけ、患者が頷き手術台に仰向いた後、「ペロリと舌をだしてみせた」日本人看護婦の口腔の闇は、そのまま「『いま』という開口部のさり気なさ、底深さ」にある「罪と恥辱」でもある。「歯の根もあわぬほど躰をふるわせ」、男が眼の前まで後じさってくると、「両の手で彼の背を手術台のほうに押しやった」新米軍医の手の感触は、今ここにある「私」の手のそれと無限に交錯する。手術台を取り囲む「ユーモアも人情も解する」「およそはげしく疑るということのない、こよなき正気の輪」は、「同心円内に」今このときを「いっかな逃れようもなく」含み続けている。七十年前の手術室の光景は、まさに現在のマイノリティとマジョリティの関係にひそむ狂気の実相でもある。

だがそのような想像の作業＝現在と過去の往還こそが抵抗の砦を作る。過去の光景から今を「視かえす」ことが、今の私達に私達を超える「人倫」を発動させるのだ。たとえ伝聞であれ「ひとたび光景の一端を知ってしまえば、時を超えて無限の作業仮説」を強いられる、という「人倫」の謎。一度過去から今を「視かえす」ことを経験すれば、手術台を取り囲む人の輪から私はもう外に出ることは出来ない。「もう抜けでたと思っても、ふと気づけば私はかならず輪の圏内に立っている」。無限に立ち戻る私はつねに輪の内で、舌ペロリの看護婦に笑みさえ返し、患者のふるえる背を両手で押し戻してしまう。何度も何度も。そのように「あえて輪の圏内にみずからを立たせてあれこれ試問しつづけるにしくはない」のだ。その作業こそが、みずからの内奥から恐怖と罪と恥辱を、おのずとそして決定的に抉り出すのだから。その「試問」＝「審問」は辛いが、むしろ辛さゆえに、現在の「石化、狂気」を「生き生きとした死、活発な石化」に変えていく。やがては「狂気がどんなものでありえたかが」「わからなくなる」現在の絶望に、「ささやかな希望か出口」をもたらしていく。

今、一人「狂気の海溝」を歩む著者は、「狂者の錯乱した暗視界の奥」から、「いかにも正気をよそおう明視界の今風ファシストどもを、殺意をもってひとりじっと視かえ」している。その眼力＝言葉の力に、私は今なお生きる力を掻き立てられて止まない。「否定的思惟」のゆたかさと、絶望のずっしりとした重さ、そしてそれゆえの詩性の美しさによって。本書はまさに「巨大な海綿状」の虚無と引き合う詩だ。私はあらゆる系を断ち切られ、やがて「視かえす」殺意のありかとしての、闃然《げきぜん》とした「内面の静けさ」を身の内に覚えた。

闇の中でなお美しい言葉の虹——辺見庸『水の透視画法』(共同通信社)

本書に収められたエッセイの大部分は、二〇〇八年から二〇一一年まで共同通信社配信で全国各紙に掲載されたもの。折々の時事的な話題や日常の出来事に触発され書かれた。著者の言葉には固有の鋭敏な論理と深い響きがあり、読む者が今抱える言葉にならない闇に巧みに微光を当て、言語化のためのヒントを与えてくれる。この本は今言葉と最も誠実に向き合う書き手による、「わたしという、よるべないひとりのこころが、読者という、よるべないひとりのこころに、か細い橋をかける行為」の結実である。

今二つの闇がせめぎあう。一つは、資本の非倫理的な力がうすっぺらな悪を蔓延させる、透明で虚無的な闇。もう一つはこの世の奥から暗い川のようにひそかに流れ込む、いのちの闇。私たちが今生きる世界は、前者が席巻するかに見えて、じつは後者にこそ凝視されている。著者の筆致はそのせめぎあいの脈動を伝える。著者の世界への絶望感は深い。だが闇は言葉を差し入れられ、各所でヒカリゴケのように未知の希望を孕み光り出すのだ。

著者の世界や社会についての認識は、まっとうで鋭い。「この世界では資本という『虚』が、道義や公正、誠実といった『実』の価値をせせら笑い、泥足で踏みにじっている。そのような倒錯的世界にまっとうな情理などそだつわけがないだろう。なかんずく、実需がないのにただ金もうけのためにのみ各国の実体経済を食いあらし、結果、億万の貧者と破産者を生んでいる投機ファンドの暴力。それこそが世界規模の通り魔ではないのか」。秋葉原事件の〝真犯人〟は、「眼鏡をかけたあの青白くやせた青年」ではない。彼の犯罪はじつは狂った世界で「起きるべくして起きた人間身体の〝発作〟」なのだ。

加害者と被害者、善と悪の区別もなく、人間の想像を超えて自走する世界。この世界で傷ついた者たちが、各所で再び身を起こし呻く。「大恐慌、きますか。きたら、ガラガラポンですよね」と吐きすて、ペットの死骸を入れた箱をさすするプレカリアートの青年、「半端ねえ。まじ、半端ねえよな……」と「蟹工船」を読んだ感想を慨嘆する学生、赤ん坊の手に感動し、「痛覚が静かによみがえるのを感じて泣いた」新聞記者、生死の汽水域に孤独な眼を深くして佇む母、吐く男をさすする異国の青年、いまだ祖国へ深い愛を表現する老共産主義者、すさみのない眼の死刑囚、清掃業の面接を受けるけなげな老女、熱中症で死んだ貧しい老人――。

一方、かれらを高みから押しつぶそうとする者たちの力はますます強い。「理想主義と現実主義の自己断裂」のような眼の翳りを見せるオバマ大統領、食人的関係を強いる資本家、倨傲の塔を建てる富者、今もひそむ天皇制ファシズムの亡霊、バナナの叩き売りに似た元総理が象徴する日本の腐敗した権力、画一的なエコ運動に走る人々、そして「在日コリアンいじめに手をかすような〝朝鮮学校は対象外〟の方針」を打ち出した民主党政権――。弱者たちはまさにあとひとひねりのようだ。

しかし三月十一日、日常は崩壊した。故郷の喪失を目の当たりにして著者は綴る。「けれども、見たこともないカオスのなかにいまとつぜんに放りだされた素裸の『個』が、愛や誠実ややさしさをほんとうに実践できるのか。(…)家もない、食料もない、ただふるえるばかりの被災者の群れ、貧者と弱者たちに、みずからのものをわけあたえ、ともに生きることができるのか」。この切実な問いかけに対し、「生きることができる」あるいは「生きねばならない」と一人一人が応答し、新たな共同体を模索すべき時が来ている。

ずっしりと量感のある一冊が響かせるのは、言葉から見放されるな、世界と「膚接」し、「パルレシア」(=率直に真実を語ること)を実践せよというメッセージだ。それは、悲惨な世界越しに私達の魂へまっすぐ架けられた、闇の中でなお美しい言葉の虹である。

第二章　ここは巨大な孤独だ、事物の果てしないコミューンだ――小詩集

影

瓦礫をふみわける音がする
ふかくくろく
こんもりとした影たちが瓦礫を這っている
テレビの画面か　それとも
覚めきった夢だろうか
劇しい夢の水が退いたあと
光と影だけが残されたこの世の果てか

瓦礫の上で

影は音を脱ごうとひそやかに身をよじる
音はたしかに
生きている証だが
影は生きることを憎むかのように
みずからの音を拒み
実体をふりすてようと
うごきつづけるのだ

背を見せたきり
永遠にふりむくことのないひとに
声をかければ
雪のように溶けていきそうだ
残酷なほど青い空につづこうと
言葉は千年昔の雲のように
くずおれるだろう
もう神話のひとであるひとに

語りかけるには
きっと神話の言葉がいる
しかし誰もが思い出すことが出来ず
遠巻きにしりぞいていく
この世ならぬ瓦礫の沈黙の深さだけが
影を撫ぜ
非在の悲しみを抱きとめている
誰にもきこえない慟哭を
水のように受け入れるのは
影の世界だ

そのとき時間がふるえ
音が蘇り始めた
踏みしめる爪先に吸われるように
ふいにそのひとはしゃがみ込む
やっと影はただの影となり

濃くちぢかまる
大きなリュックがかすかに揺れる
顔が見えないひとは
さらに身を乗り出していく
何を見つけたのか
あるいはそのひと自身が見つけられたのか
恐ろしい深淵に　あるいは
宝石のような何かに――
しかし誰もがたしかめることが出来ず
遠巻きにしりぞいていく
希望も絶望も　どんな言葉も
そこに回り込めないから
そのひとは今　眼の前にただあるものと
ふたりきりだ
誰でもない者と言葉のない言葉を交わし合う
死にゆく孤独な時のように　あるいは

生まれてきたあの
苦痛の時のように――
大きなリュックに
みえない雪をふりつもらせ
雪をときおり
悲しみのように　救いのようにこぼれおとし

メドゥサ

いつからかそこに
メドゥサは砕かれた額をもたげていた
私たち自身の〝破壊そのもの〟の吐息が
ことばにならない泡を紡ぎながら
海の底から重く重くあふれだしていた
生まれたばかりの〝彼女〟は怒りも喜びもなく
ただ盲目の無の使いとして沈黙を続けていた
ひそやかなその誕生を
本当に誰も知らなかったか

いや、誰もが瀕死の魚のように
みえない鰭の端で感じていたのではないか
(かつて私たちは魚だった、鳥だった)
深海にひそむみずからの喘ぎを
聴き取ろうとしなかっただけではないか
遙か陸上に冷たい粘土の身体を横たえ
鼓動させるだけで精一杯だったとでもいうのか
だが海深くから砂埃をあげてもがく
真実のいのちの苦しみがたしかにあった
私たちは共振するように
夜ごと　凶《わる》い夢を見続けていた
(火の夢を見た、鉛の夢も見た)
眠っている間《ま》も
月に照らされた不眠の海を
甲冑姿の死神たちは無へ凱旋行進していた
槍の先に「星を歌う心臓」を掲げ

黒い空の血を浴びながら　死の歌を
木製の声で高らかに歌い上げた
眠る私たちから夢の海へ燃え墜ちていったのは
流れ星ではなく
私たちと世界をつなぐ胞衣《えな》
夢の光も届かない底へ渦巻き吹きだまる
愛や希望や信頼という名さえも腐乱させた嬰児たち
それらはよるべなく抱き合いながら「そのとき」を待った
私たちの幾千もの夜が縊り殺した善き神々もまた
闇の血潮に乗り　そこに流れ着き
蛇や鳥や犬の胴に食い込む不信のロープを外し
お互いをきつく結び付け直して「そのとき」を待った
待ち望むでもなく、恐れるでもなく、ひたすら待った
破壊されたすべてが〝破壊そのもの〟として一つになり
ふたたび漆黒の生命《いのち》ごと迫り上がる
時の超新星爆発を

〃そのとき〃

闇の叫びは奪われ　死の嘆きさえ凍りついた
空がかつてない残酷な閃光をあげて
世界はやっと気づいた
自分自身がもはやとめどなく狂ったメドゥサの機械であることを
水という水が「私たち」の手負いの傷に苦しみ
風という風が魂の皮で出来た痛みの旗をはためかせていることを
いつからか、なぜか――
問う暇もなく
まったき無根拠の深さで溺れプレートを踏み外し
世界は轟音とともに
世界自身の悪意へと無限に身を委ねた
青い死のまなざしが未来へ向けられ
メドゥサの額からヒュドラは陸へ解き放たれ

三月十一日午後二時四十六分——

コノ国ノタマシイカラ封ジ込メラレテイタスベテノ悲鳴ガホトバシリ
人々ハ硝子ノ橋ノ上デ立チ尽クシ石ノバベルハタチマチニ崩レ落チタ

＊メドゥサ　古代ギリシア神話に出てくる怪物。見るものを石にする力を持つ。頭は無数の毒蛇。
＊ヒュドラ　水蛇

石巻（一）

ここに私たちがやって来たのは
どのようないきものの意志によってか
連れて来られたのは石化した魂か
影の傷から影の血をしたたらせる影の死体か
光に礫にされたい
そう願ったのは本当は誰だったか
かたちをなくしたことばを
ふたたび象られるための痛みが欲しい
細胞の奥から吠え続けているのは何者か

坂を降りた人々は
門脇・南浜地区の砂まみれのけもの道を
群れからはぐれた犬のように
ふたしかな足取りで黙り込んで歩いた
炎天下の瓦礫の原に
うっすらつくられた道を
向こうから歩いてくる者はいない
ここは巨大な孤独だ
事物の果てしないコミューンだ
人形、ビデオテープ、携帯電話、鞄、本、CD、アルバム、コーヒーカップ
主の代わりに死に
主の代わりに生きているもの
潮の（神の、とはいわない）ブリコラージュは
放棄でも収集でもない
拒むのでないならどのように誘っているのか
踏みしだくのでないなら

私たちはどのように慈しみたいか
見渡すかぎり眼のないものはあふれ
生きているのがどちらか分からなくなる
家々のくりぬかれた眼から
たえず叫びの涙があふれ
二階の白いカアテンが揺れる窓の内側は
宇宙の暗やみをたたえている
救いをもとめているか
あるいは救おうとさえしているのか
(救難されるべきは、もはや私たちか)

三六〇度、死者はどこにもいない
死者が憩える陰翳は気化したままだ
もっと、もっと生者が
生者という血が欲しいのだ
歩み、うろたえ、立ち尽くす人間の

悲しみと怒りと不安
声にならないことばとことばにならない声
そして瓦礫をふうわりと覆う
ゆるめられた時間の曲線のような
ひとりびとりの純粋な黒い影と

石巻（二）

矛盾だ
この地を故郷とする遙かなひとびとが
まだやって来ていないのに
私の足は先んじて瓦礫をふみしだいている
（その痛みはほんものか、ならばどのように伝えられるか）
この地で生きてきたひとびとが
草のように根こぎにされたのに
背後にはよそびとの場違いな足跡が生まれ
月面のようにくっきり残されていく

苦悩の中からようやく薄い眠りについた風景を
土足で目覚めさせていはしないか

この瓦礫の原をどのように歩けばいい？
あの日から誰もが深く迷っている
「復興ツアー」に参加した十八名もまた
彼方に息をひそめる何者かの影であるかのように
足下がおぼつかない
何を見つめたらいいのか
こんなに見つめられているのに分からない
くり抜かれた眼を持つ家々や
瞼のない瓦礫のまなざし
青いのに青いと思えない空から墜ちてくる光の破片や
魂の虫たちが激しく鳴き交わす音波
それらをかい潜るのではなく
全身で受け止めるべきだ

だがこの苦痛のまなざしと声を受け止められるほど
透明になれるだろうか

門脇・南浜地区の瓦礫の原を
巨大な無のジープがゆきかっている
白い無のけものが砂埃をあげている
(それを見届けなくてはならない)
私たちは　かろうじて作られた結界である
瓦礫の払われた道を
心を吸われながら歩く影だ
(これは何か、私はなぜ来たか、何をしているのか)
かすかな眩暈のような問いかけに
ふりはらってもふりはらっても
事物の音波が見えない蠅のように蝟集する
瓦礫の一つ一つは耳や瞼だ
水の力がなぎ倒した電線や鉄柱は

何かを護ろうと腕を曲げたまま息絶えたひとだ
瓦礫の海に打ちあげられた土まみれの生活用品は
みなひとしくささやかで慎ましい（慎ましすぎる）
写真の消えた写真立て
シールの剝がれたビデオテープ
誰かが故意に？　と思うまもなく見つけた日本人形は
緋色の長襦袢を見せて踊りかけ死んでいる
汚れた白い顔に眼も鼻も消え
かすかな紅色だけが唇の位置を示している

大津波は悲鳴とことばを
そして名と存在の証さえ奪い尽くしていた

＊

けさ松島の海岸で

謎の僧侶の一団が橙色の
袈裟をひるがえし
草の道を駈けていくのを車内から見た
海に祈りを捧げるための巡礼の途中か
どこの国の人かも分からない褐色の肌が光り
そこだけ月面のように
地を軽やかに蹴って飛ぶように駈けていた
（あれもまた遙かに眠るひとの鮮やかな夢か）
やがて向こうからもやってきた一人の橙の天使
かれらはよろこびのように悲鳴のように
いっせいに手を拡げた
色は輝きをまし　しぶきをあげ合流し渦となり
私たちの車をさらに前方へとおしだしていった

風景は感情と沈黙の速度を上げた

第三章　鈍銀色の沈黙に沈んでいる——追悼文集

虹と風になった詩人――追悼・吉野弘

「緑の葉は光合成をいとなむ／私の言葉は何を？」（『北入曽』扉）

　吉野弘さんが亡くなった。生前お会いすることはなかったが、時間が胸の高さで過去に向かいおのずと透明化していく。切ない、静かで深い悲しみである。詩を書き始めた高校一年の時、教科書に載っていた詩「夕焼け」をグループで討議したのを思い出す。どんな議論になったかは殆ど覚えていない。ただ私はこんなことを言ったように思う。けなげな娘は夕焼けに気付かない、だが気付かないからこそ夕焼けはより美しく背後から照らしているのだ――。夕焼けの美しさはたしかに私に届いた。正確には美しさだけが。だが逆光で娘の表情は読み取れず、娘が戻って行く町の夜を想像することもなかった。もちろん淡々と事実を描くこの詩に過度な想像はいらない。だが娘の影と、どこかまだ敗戦の匂いが残る町の重さは、私の未来にたしかに残された（託された）と思う。私はあれから透明な電車に乗ったままらしい。その後吉野さんの熱心な読者になることはなかったが、今読み返せば詩を書く者としての自分の原点が鮮やかに蘇る。「I was born」や「奈々子に」から詩の原時空が痛切に、ゆるやかに身を起こし裸の私を包む。

「夕焼け」との出会いから長い時を経た二〇〇九年、映画館の闇の中で吉野さんの詩と再会した。是枝裕和監督の『空気人形』で、人形役の韓国の女優ペ・ドゥナが朗読する「生命は」である。生命を持ち始めた人形の、舌足らずなカタコトの日本語による朗読だった。カタコトであるだけに「タシャ」や「ケツジョ」や「セカイ」といった言葉は観念の重みから解き放たれ、春の光と風に融け込んでいくようにも思えた。詩は、現在の殺伐とした町並みと孤独な人々の映像に被さっていったが、それは「夕焼け」の「娘」が戻っていった町の疲れた未来の姿だったかもしれない。

朗読を聴いてまもなく、二〇一〇年私に生まれて初めて在日朝鮮人の友人が出来た。彼女にとっても私が生まれてから三番目の「長い話をした日本人」だった。そのエピソードにもとづいて私は「友だち」という詩を書いたが、エピグラフに引用したのが「生命は」の一節である。また同時期朝鮮学校の生徒たちに宛てて書いた詩「ハッキョへの坂」の、少女たちが笑い合い風や光や花びらの交錯するイメージもまた、「生命は」への遙かな応答だった。

世界は多分
他者の総和

しかし
互いに
欠如を満たすなどとは
知りもせず
知らされもせず
ばらまかれている者同士
無関心でいられる間柄
ときに
うとましく思うことさえも許されている間柄
そのように
世界がゆるやかに構成されているのは
なぜ?

意識はしなかったが、詩を書きつつ私はこの一節を反芻していたと思う。「セカイハタブン／タシャノソウワ」という響きは、木々のようにざわめいていただろう。人間が、自分が他者の他者であると気づき、他者と「うとましく思うことさえも許されている間柄」であることに苦笑するならば、社会はきっと変わる、変わると気付くこともなく緑の葉の光合成のように変わる――そのように向き直り、新しい友人たちに宛てて胸からあふれるように書いたのである。

吉野さんの詩は繰り返し読んでも、その時々の読者の生きる深さにおいてきちんと応じてくれるものがある。テーマ、モチーフ、技法、語彙、世界観、そして丁寧に描く筆致。それらが相互に響き合い、詩の空間がそのつど花のようにひらく。別世界へ連れていかれるのではない。私が生きる空間がそのまま透明化し魂は裸形になり、居ながらにして世界は根本的な転換、つまり光合成をおのずと促されるのだ。かつて労働組合運動の専従者でもあった吉野さんの根底には、社会を変革したいという強い意志があった。その意志が詩人を忍耐強い魂の労働者にした。詩「生命は」は芙蓉のめしべの思わぬ形態に対する驚きを、魂の中で丁寧に問い返す作業から生まれたが、小さなめしべから世界全体に繊細なプリズムを当てえたこの詩から、多大な「労働過程」は春の雪のように消えている。その見事な消失の気配にも私は深い感銘をおぼえる。そして「生きる力を　さりげなく」(「みずすまし＊＊」)詩の中から持ち帰る。

敗戦後の荒野から3・11以後の廃墟へ、吉野弘の詩空間を通し言葉たちはなお「光をまとって飛んできている」。言葉という存在から、忘れていた春の予感がふたたび奇跡のようにふくらみだす。私はまだ自分を愛することが出来るかもしれない。それゆえに他者を。他者の総和としての世界を。だが今光合成の予感は鎮魂と祈り、あるいは絶望とさえたやすく暗く混じり合ってしまう。しかし亡き詩人の忍耐強い囁きが聞こえる。歌とは人間である、人間とは「歌を切望している無の／強い咽喉／太い声／死を蹴る歌そのもの」（「歌」）である——。やがてどんな「時間の虚無」（「ヒューマン・スペース論」）がやって来ようとも、虹と風となった詩人は、永遠の光の側から今を生きる人間の詩を押し返してくれるだろう。「他者」のすべてのざわめきとの、未知なる光合成の方へ。

言葉に差別を刺す鋭さを与えよ——追悼・辻井喬

辻井喬さんが亡くなった。喪失感は今も重苦しい鐘の音のように、身体深く鈍い痛みを伴いながら反響している。遺された言葉から、今を生きる私を打ち励ます声を聴き続ける。辻井さんは現代の空虚を鋭く感受しつつ、個における歴史意識をつねに模索し、現実の矛盾に抗ったほんものの詩人だった。今、戦後の空虚がどす黒く煮詰まるように立ち現れてきた「新たな戦前」。その闇とまるで差し違えるように逝ってしまわれた。偶然とも思われないその符合に胸をつかれる。私たちはこの詩人の存在と喪失について、時代と自分の関係を切り結び直しながら、考え感じつくさなくてはならないだろう。

初めてお目にかかったのは、二〇〇九年のH氏賞選考委員会の席だ。その時は隣同士に座りながら、特に私的な会話を交わすことはなかった。ただ選考の過程で私が推した詩集について、もっとしっかりとした社会的な視点が欲しいという反対意見をきっぱり示され、想像していた以上に現実との関係を詩に求められていることに刮目した。

奇しくも直後、その数年前雑誌に寄せた詩がある在日朝鮮人の文学者の目に止まり、私は在日の人々と交流するようになった。生まれて初めて知る日本のもう一つの姿に驚きたじろいでいると、同年末私の住む京都で右翼による朝鮮初級学校への襲撃事件が起こった。そして翌年二月、当時の鳩山政権は高校無償化法の適用から朝鮮高級学校を外してしまう。その除外容認は、政治家と巷間双方から同校への無際限のバッシングを誘発していく。

私は「ハッキョへの坂」という朝鮮学校の生徒へのエールともいえる詩を、除外反対を訴えるリーフレットに載せた。それを読んだ同校出身の詩人と知り合い交友を深め、二〇一〇年六月彼女と二人で『朝鮮学校無償化除外反対アンソロジー』を企画した。八月に予定していた文科省への要請に合わせ締め切りは一ヶ月後というハードスケジュールで、寄稿者もほぼ闇雲に募ったが、真っ先に承諾の返信をくれたのが辻井さんだった。どれだけ励まされたことか。やがてエッセイと詩が送られてきた。エッセイには、父親が箱根や熱海の観光地開発をやっていた当時、土木作業の現場に遊びに行き朝鮮人労働者と親しくなったこと、そしてその体験は学校でいじめを受け「差別についての嗅覚」が鋭くなっていた幼い心に深く刻まれ、後の詩人の、日本の差別社会への批判の原点となったことが綴られている。「日本では愚民ほど差別を好む」という逆境の中で果敢に戦ってきた人々への率直な励ましと共感が、私の心を打った。

詩「オモニよ」にも差別への怒りがこめられている。驚いたのは、私の「ハッキョへの坂」

に応答する一節があったこと。リーフレットで同作に目を止め、私の思いを受け止めて下さっていたのだと知り、胸が熱くなった。

高銀がハングルを取り戻したように
鳥が海峡を越えるためには翼が必要だ
ある晴れた日に囀りが響き合うために
むかし使った直喩の錆を落とし
言葉に差別を刺す鋭さを与えること

オモニよ
わたしは空を取り戻そうと思う
ハッキョへの坂の上の雲が
自由に海峡を渡っていけるように
その日まで帝国の犯した罪を忘れず
啼き交わす鳥たちの喜びを夢みて
生きていこうと思う

（第三連と第四連）

「生きていこうと思う」という詩の結びに、辻井さんが振り仰ぐ未来の空が私にもたしかに見えた。

二〇一〇年十二月十二日、東京・新宿にある会場で『アンソロジー』の朗読会を行った。子供を国策によって差別することへの抗議集会をかねてのもので、趣旨に賛同してくれた百六十名の観客が集まった。辻井さんは、この会で朗読だけでなく四方田犬彦さんと対談もして下さった。「無償化除外は差別であり、恥ずかしい歴史をまたなぞること。絶対認められない。言論の自由、思想信仰の自由を除外する動きが日本の政治家の中にある」「日本はまだこんなことをやっているのか」と強い口調でおっしゃった。冒頭では「河津さんが怖いから来たんですよ」と座を和ませても下さった。開始前に二次会にお誘いした際、体調が良ければというお返事だったが、終了後気づけば辻井さんの姿は消えていた。良くはない体調を押して来て下さったのである。

亡くなる直前まで反対されていた特定秘密保護法案もついに可決した。朝鮮学校もいまだ無償化から外されたままだ。しかし、だからこそがんばれ、という辻井さんの声が聞こえる。詩人であるかぎり「言葉に差別を刺す鋭さを与えよ」と、私を未来の空へと振り仰がせる。

鈍銀色の沈黙に沈んでいる――追悼・新井豊美

新井豊美さんと初めて出会ったのは、詩の中の海辺である。四半世紀前、渋谷の「ぱろうる」の薄暗い店内で、『いすろまにあ』の色鮮やかな表紙にふと立ち止まった。めくり当てた頁は「JIN　SHAN　HAI」。詩の水に映り込む船の陰影が、ふいに自分のどこかに重く下ろされるようだった。蹲る老婆が自分の中の死者に向かい「…ちゃん」とあげるおしころした叫びもまた。「わたしはそのように熱くひとの名を呼ぶことはない」という一行が謎のように心に残っている。「呼ぶことはない」という断定に、意志のつよさと美意識があった。あの吃水線は、人間のみじめな宿命とつりあおうと揺れていたのか。光と影が何らかの均衡を獲得するまで待とうとする、詩人の忍耐の姿勢を感じた。

現実にお会いしたのはたしか一九九一年。新宿のアルプス広場だった。他の方々も交えての初対面だったが、記憶からはなぜか、多くの旅人の影が行き交う異国のバザールのような空間の片隅で、銀色の柱にもたれた新井さんの姿だけが浮かぶ。薄絹めいた素材のゆったりとした緑のスーツに身を包んでいた。柔らかくカールした髪を揺らせ、こちらに向けられた優しい笑顔を思い出す。その後詩集の栞を書いて頂いたのをきっかけに、国立のご自宅にも伺うようになった（私もまた国立に実家がある）。玄関脇から書斎の本棚まで、詩集や詩論がひしめく家の空気はどこか香り高く、まさに詩に護られた空間だった。窓辺に鳥たちがさえずる書斎で何度も何かを語り合った。今は交わされた具体的な言葉よりも、詩人のアルトの声と、ケトルが立てる蒸気の音と、その時の静寂だけが不思議に翳るように喚起される。それらは私にとって詩人の世界のエッセンスそのものである。そこで新井さんに多くの我が儘や悩みもきいてもらったのだが、それがじつはありえない僥倖と至福の時だったことを、今になって思い知らされている。胸深くに甘美な痛みが走る。

自宅の壁には、詩人が写した一枚のモノクロ写真がある。シチリア島のパレルモにある古いホテルの無人のレストランの、重厚な室内。テーブルの上のグラスたちが、光と影に存在を研ぎ澄まされた一瞬が見事にとらえられている。その鈍銀色は、時間を越えた詩人のまなざしの静謐さと清冽さであると共に、これから始まる声の、今しばらくの沈黙でもある。

牟礼慶子さんという場所

残念ながら私は、牟礼慶子さんに生前お目にかかることはなかった。だが詩人が残した言葉に触発されることは、実際にお会いする以上に深い出会いともなりうるはずだ。むしろ直接的な言葉と魂の出会いこそが大切ではないか――。そう思いながら『現代詩文庫・牟礼慶子詩集』をあらためて読んだ。

戦後の女性詩の、忘れていた良質の感触がたしかにそこにある。詩人は、木々が風にざわめく戦後の原っぱから青空を見上げている。その姿には、戦後という失意と希望の空間に、一人佇むひんやりとした孤独感と決意がある。詩人に大きな影響を与えた鮎川信夫は、戦後という荒地を彷徨し続けたが、牟礼さんは、樹木のように佇み天を向き続けた。あるいは鳥となって飛翔し、天空に触れようと試みた。だがどんなに飛ぼうと、人間は空には辿り着けない。戦後という平和な時代に、戦争の雲を払って青空がみえてきたのだが、皮肉なことにだからこそ、詩人は「空と人間との誤差」をはっきりと意識せざるをえなくなった。そしてその苦い実感が詩のテーマとなった。牟礼さんは戦後の社会にとり立ててはっきり抗うことはなかったし、戦争の暗い記憶に閉じこもりもしなかった。静かで透明感のあるその詩は、ただ「誤差」の痛みから引き出されている。感覚に溺れることもなく、自分のいる場所から自分の哲学を模索する詩、「人間は自分の美意識を誰にも邪魔されないで生きていいはずだ」（『流動』の時代」）という、子どもの頃からの毅然とした姿勢のまま、天を向いて書かれた詩——。

天は高いところへ
ひばりの秘密をのぞきに行って
そのままおりてこない
雷と一しょにいて
いたましい声をたてることもある
途方もなく大きな庭だけが残って
来る日も来る日も持ち主を待っている

（「庭の中」）

この「おりてこない」天を見上げているのは荒れた「庭」であって、「私」という実体ではない。詩の最終連冒頭には「この荒れた庭に／果して春がめぐってくるのであろうか」という一節もある。なぜ「私」ではなく「庭」なのか。それは、自分が自分を所有するという実感が牟礼さんにはなかったからだ。「さてわたしは何を所有しているか／存在ではなくて場所／それも誰もそこにいない場所／時としたら心のどこかに／どうしても芽ぶかない／荒地をかかえこんでいたりする」(「わたしの鳥」)。こうした非所有の感覚には、何もない焼け野原の記憶があるはずであり、さらには、詩人が若い頃に親しんだリルケが晩年に提示した、「世界内面空間」という境地もあるのかもしれない。

私たちは今一度、牟礼さんが立っていた場所、あるいは「牟礼さんという場所」に立ってみなくてはならないだろう。3・11という二度目の(そして最終的な)「荒地」に佇む方途を、詩人の永遠の不在の、ゆたかなざわめきから学びとるために。

詩を書くという行為を受け継ぐ——追悼・吉本隆明

去る三月十六日吉本隆明氏が亡くなった。３・11からほぼ一年後であるが、この一年間氏は、病を押して思想家としての発信を続けていた。四半世紀前の「『反核』異論」の主張を曲げることなく、「原発廃止は素人の暴論であり、人類の文明の否定を意味する」として、「総懺悔的」に反原発へと傾く世論に一石を投じた。その波紋がいまだ言論の海にざわめき止まぬさなかでの巨星の消滅。だが波紋が鎮まるどころか、むしろ再稼働やがれき受け入れが一気に進もうとする動きの中で、氏の原発への見解はあらためて賛否両論を湧き起こしている。同時にかつての新左翼運動に対する影響やオウム真理教の擁護を巡っての議論も再燃した。いずれにしても逝去後「吉本隆明とは誰だったのか」という問いかけは、「吉本隆明という現象あるいは表象とは何だったか」、さらには「吉本隆明という現象を支えた戦後の精神構造とはいかなるものだったか」という問いかけへと深まろうとしている。

だがそれら「吉本隆明という現象を追う現象」に欠落するのは、「吉本隆明が何を書いてきたか、言っていたか」という思想の実像の解明である。しかしそれを正確に言い当てることはほぼ不可能に近いだろう。氏の言説と文体は、多かれ少なかれ言葉自体に向き合っているから、いわゆる言論の場には原理的に乗り切らない。このまま逝去という断絶によって、残された言葉は破局の世界に放たれた儚い火花として消えてしまわないか。それらの言葉の背景にある、時代に抗うリアリティは忘れ去られはしないか。

今、私たちが試みることができるのは、「吉本隆明の言葉に自分は何を触発されてきたか」を語ること、あるいは「これからいかに触発されていくか」を模索すること、に尽きると思う。氏の逝去は深い悲しみをもたらしたが、この悲しみを、氏の出発と核心とも言える詩作品や詩論に対し、裸形に向き合うための契機とすべきだ。

一九六四年に書かれた「詩とはなにか」(『現代詩文庫・吉本隆明詩集』所収)をあらためて読むと、この詩人がいかに詩を書くという行為を、社会という外部と自分自身という内部との、アクチュアルかつ原理的な葛藤においてとらえていたかがよく分かる。次の「詩論」には今でも、あるいは今だからこそ深く首肯しうる的確さがある。

わたしがほんとのことを口にしたら、かれの貌も社会の道徳もどんな政治イデオロギーもその瞬間に凍った表情にかわり、とたんに社会は対立や差別のないある単色の壁に変身するにちがいない。詩は必要だ、詩にほんとうのことをかいたとて、世界は凍りはしないし、あるときは気づきさえしないが、しかしわたしはたしかにほんとのことを口にしたのだといえるから。そのとき、わたしのこころが詩によって充たされることはうたがいない。

詩とはなにか。それは、現実の社会で口に出せば全世界を凍らせるかもしれないほんとのことを、かくという行為で口に出すことである。

「ほんとのこと」とは言わば日常を揺るがす真実のことだ。散文でそれを口にすれば世界は凍り、発言者は拒絶される。だがそもそも社会から「孤立」し、比喩や象徴という次元で書く詩人は、誰にも邪魔されず（それは多くは「理解されず」をも意味する）、「ほんとのこと」を口に出来る。生命の奥からあふれる「自己表出」（言葉以前にある叫びが生み出す表現）の力で、「ほんとのこと」を言葉の中から輝かせることが出来る。

詩は直接的に世界を凍らせはしないからこそ、抵抗の永遠の方途となりうるのだ。私たちが今後氏が残した仕事に学ぶべきことは、『言語にとって美とはなにか』にあるような、比喩をめぐるミクロな知的感覚に詩人の皮膚を触発されること、そしてそこからそれぞれ新たな詩的痛覚を切り拓くことではないか。少なくとも現代詩だけは、吉本隆明をマクロな現象としてカテゴライズしてはならないだろう。

今、巨星の去った場所は深く抉れ、無数の言葉の影の火花を上げている。その不在の場所から詩の謎と比喩の秘密を受け継ぐことは必ず出来るはずだ。私たちは存在の欠落あるいは人間という傷を、言葉という根源的な次元で吹き曝されて詩を書く、という行為を詩人にたしかに教えて貰ったのだから。もう一度、詩という新鮮な光の血を、魅惑的な影の声をこの世へ言挙げしてみよう。己れの歌（「苦しくても己れの歌を唱へ／己れのほかに悲しきものはない」）を、何度も花火のように打ち上げていこう。詩人亡き後さらに、詩の原初へ向かうがごとく深まっていくこの世の闇の中で。

第四章　アンガジェせよ、と誘う他者たちのほうへ

天の青の記憶とともに降りてきた問いかけ
——詩人尹東柱の故郷 中国・延辺朝鮮族自治州をめぐって

去る八月二十日から二十七日まで中国吉林省・延辺朝鮮族自治州をめぐった。同州の政治と経済の中心である延吉市《ヨンギル》を基点に、周辺の各地を訪れた。同行者は、在日朝鮮人の詩人である丁　章《チョンヂヤン》氏と御家族、そして『空と風と星の詩人——尹東柱評伝』（宋友恵、藤原書店）の訳者である詩人の愛沢革氏である。延辺朝鮮族の詩人や文学者と交流の深い丁氏と中国語の堪能な奥様、朝鮮語の翻訳者である愛沢氏という心強い同行者との旅は、大変濃厚な時間だった。彼地の文化や自然や人の心に触発されただけでなく、詩と言葉についても歴史的な次元から陰翳を刻まれつつ感じ考えさせられた。

丁氏と愛沢氏はすでに何度もこの地を訪問しているが、私は初めてである。今回の旅は、私が今年も訪問が計画されているならばぜひ同伴したいと丁氏に申し出て、日程を調整して頂き実現した。なぜ私が突然思い立ったかと言えば、ちょうどその頃、尹東柱《ユンドンジュ》の詩人論を書き始めていて、その過程で故郷である北間島《ブッカンド》の明東村《ミョンドン》をどうしても見ておきたくなったからだ。北間島とは、朝鮮民主主義人民共和国と中国との国境（豆満江《トウマンガン》）より北の地域、つまり今の延辺朝鮮族自治州に当たる。同州は中華人民共和国成立後、一九五二年に「延辺朝鮮族自治区」、五五年に現在の「延辺朝鮮族自治州」となった。今年は自治区成立六十周年に当たるため、延吉市は祝賀ムードにあふれていた。一方歴史を遡れば、ここにも日本の植民地支配が与えた爪跡が存在する。この地は十九世紀末、朝鮮から移住してきた朝鮮族によって開墾された。当時は清国領だったため、日韓「併合」後も日本は容易には手出しは出来なかった。それゆえ抗日パルチザンの根拠地となり、やがて日本軍による徹底征伐の対象となる。一九二〇年代の「間島大虐殺」の記憶は、今も市井の人々から消えていないという。

そのような抗日の地に生まれ育った尹東柱の詩には、しかし政治的なメッセージは直接には表現されていない。むしろ「総身うぶ毛でおおわれているような」「なよなよしいまでに清純な抒情感」（金時鐘《キムシジョン》）さえ感じさせる。だが抒情は抒情のままで終わらない。読む者には詩が指し示す何かの影がたしかに残される。短い詩の中にちりばめられた空、風、星、丘、道といった何気ない事物は、単なる描写でも抒情的なイメージでもなく、詩人が時代の闇の中で必然性を以て嗅ぎ当てたメタファーである。そこにどんな思いと原風景の裏打ちがあるのか――それは東柱を知った数年前から私が抱き続けている問いかけであり、詩を読むたびに知りたいと思いは募るばかりだった。丁氏はそのような私の意に汲んでくれ、今回詩人の故郷を訪れるだけでなく、墓前でそれぞれ持ち寄った詩を朗読するという、思いもかけない「イベント」も旅程に組み込んでくれた。旅のどの一瞬も素晴らしかったが、このミニ朗読会は私にとって「ハイライト」とも言える時間となった。

出発日の二十日は、折悪しくも日中関係上厳しいニュースが流れた。日本の新聞には「日本人10人尖閣上陸」、北京行きの機内にあった中国の新聞には「日本右翼分子登上釣魚島」という見出しが躍った。反日デモも起きていて不安はよぎったが、機内は日本人ビジネスマンで一杯で、日中の経済関係の揺るぎなさも感じ安堵した。北京から延吉までは国内線で約二時間。現地の夜十時過ぎに着いた。降り立つと照明は暗く、不思議に懐かしい匂いがした。昭和の頃の記憶を呼び覚ますような、人の生活そのものが放つ匂いだ。荷物が流れてくるのを待つ人々の表情や服装にも気取りがなく、異国に来た緊張感はいつしか解れていた。荷物を受け取り、今回の旅の段取りをつけてくれた作家方龍珠《バンリヨンジユ》さんと合流し、空港から市内へ向かった。車内から夜の街を彩る電飾の華やかさに目を奪われた。建物をふちどる色とりどりのネオンは、むしろ深い闇を意識させ、私の中に何かが蠢くのを感じた。以下羅列的だが印象を綴っていきたい。

延吉市は、あちこちで工事の槌音と車のクラクションが響くダイナミックな街だった。人口四十四万人、漢族と朝鮮族を中心に多民族が共生する。日本の植民地支配の爪跡も、歴史の風化に抗うように残されていた。抗日義兵が収監されていた「延吉監獄跡」、巨大な抗日志士像、参拝が強要された延吉神社跡の石段、今も使われている満州国時代の建物。この街で歴史はまだ生々しく生きていた。また延吉の台所である「西市場《ソシジャン》」では、商品の豊富さに驚いた。食品の安さ、種類の多さに街の生命力を感じた。書店では日本語の参考書のコーナーが充実。延吉から留学や仕事で日本に渡る人が多いために日本語に人気があるという(一方植民地時代には日本語強要の歴史もある)。村上春樹の『1Q84』を始めとする日本の現代小説も読まれ、夜の街には原宿辺りにあるようなお洒落なカフェバーも現れている。ここは中国でもあり、朝鮮民族の地でもあり、日本や韓国やアメリカでもある「どこでもない場所」であろうとしているようにも思えた。

朝鮮族の文学者たちの出会いにも触発された。かれらはみな、それぞれの世代や生き方に固有な形でアイデンティティの問題と向き合っていた。この地の朝鮮族は、大韓民国にも朝鮮民主主義人民共和国にも属さず、一方で中国から自治を認められ朝鮮語と中国語の両方が話される地でありながら、民族性をあからさまには主張できない難しい立場にある。そのような葛藤のただ中に生きる文学者たちの言葉は、重くかつ新鮮だった。八十代の言語学者崔吉元《チェキルウォン》氏は、抗日運動に参加しやがて学者の道に進んだ来歴を美しい日本語で語り、さらに中国を理解せず尖閣問題に躍起になる日本政府を深く憂えた。五十代の詩人石華《ソツカ》氏は、自分はあくまで「中国朝鮮族」だと主張し、その固有のアイデンティティを模索するために朝鮮族の歌謡史の書物を執筆した。中国朝鮮族の人物史をテーマにした作品を書く女性作家李恵善《リヘソン》氏は、日本に招かれた際ある席で「あなたは中国人ですか韓国人ですか」ときかれ、「私は中国朝鮮族です」ときっぱり答えた。朝鮮族のこのようなアイデンティティをめぐる鋭敏な痛覚は、在日朝鮮人である丁氏にも存在する。南北分断政府と日本のいずれにも属さずに生きているという痛みが、氏をこの地に惹きつけ人々との交流を続ける核となっている。

そしてこの地で生まれ育ち、平壌とソウルを経て大学進学のために渡航した日本で、ハングルで綴った詩を証拠物件として逮捕され、解放直前に獄死した尹東柱。彼もまた朝鮮族の痛みを共有する。その詩の「空」や「風」や「星」にも、流浪の悲しみと歴史の暴力による苦しみがこめられている。だがそれらが今もなお人の心を打つ優れたメタファーであるのは、その根底に故郷北間島での至福の記憶が存在するからだ。

その明東村を訪れた。時を超えた壺中天のように美しく素朴な村だった。恐らく幼年期に詩人が駆けまわった頃と変わらないだろう未舗装の秋桜の揺れる田舎道。どこからか鶏の声も聞こえ、草むらからは澄んだ虫の音が夢のように軽やかに聞こえた。詩人の墓地はそこから車で少し(龍井《リヨンジヨン》よりに)登った丘の上にあった。丘では空がとても近かった。天の青が丘を慈しみ触れるかのように、すぐそばに感じられた。

死ぬ日まで天を仰ぎ
一点の恥じ入ることもないことを
葉あいにおきる風にすら
わたしは思いわずらった。

（「序詩」冒頭部分、金時鐘訳）

まさにこの「序詩」にある「天」を感じた。「葉あいにおきる風」も聴き、風にも傷つく心の痛みもふと感じとれたように思う。東柱の詩の「丘」はこのような天と向き合う場所なのだと感得した。

総勢八名のミニ朗読会は、朝鮮式の墓であるこんもりとした盛り土の前で行われた（墓碑には「詩人尹東柱之墓」とあった）。朗読者は丁氏、愛沢氏、方氏、そして私。私は五年前に書いた東柱へのオマージュ詩「プロメテウス」を、無謀にも（！）朝鮮語で読んだ（旅の直前に友人が特訓してくれた）。この詩が在日の文学者の目に止まり、新聞で書評されたのがきっかけとなって、私は在日朝鮮人や朝鮮学校と交流するようになった。不思議な縁である。そして私だけでなくそこに立つ全員が、東柱との縁をそれぞれに手繰り寄せここにやって来ていたのである。彼の詩に魅せられ、受け取ったメタファーについて責務のように思い巡らし、その詩が暗示する明東村の「原風景」に憧れ続けたのちに。

他の日には朝鮮民主主義人民共和国との国境でもある朝鮮族の聖地白頭山《ペクトサン》、同じく国境地点である図們《トウーメン》、防川《ファンチユアン》にも足を延ばし、国家が人間を分断する無慈悲さを目の当たりにした。思えば東柱の詩の行く末も国家に翻弄されている。解放前友人たちの手で日本軍の目から隠された原稿が解放後発見され、日韓国交正常化後暫くして日本語に翻訳されてから、やっと日本の読者に伝えられた。もし歴史が少しでも変わっていたら、日本で彼の詩を永遠に読むことが出来なかったかも知れない（京都で書いた作品は全て、「終戦」直後焼かれたと言われる）。逆説的だがこうも言えるだろう。東柱は国家による弾圧に抵抗するためにメタファーを研ぎ澄ませ、一方現在の朝鮮族の文学者も、国家との葛藤の中からみずからのアイデンティティとしての文学を模索し続けている、つまりそれぞれが生きる時空の闇が深まるからこそ、詩や文学がもたらす真の自由を身の内から輝かせようとしている——。

旅を終え、今日本で私は思いあぐねる。詩がこれから、蠢き出した国家主義の亡霊達との人知れぬ戦いとなるとして、それはいかなるものでありうるか、あるべきか。そして私達の言葉は国家的なるものとの葛藤を抱えつつ、どのようにして国家を超え彼地の人々と共鳴していけるのか。尹東柱の魂の故郷をたずねる旅が私に残した問いかけは、詩人の眠る丘をまなざしていた天の青の記憶とともに、永遠のように降りてきている。

本当の声が呼び交わしあうために
——宋友恵《ソンウヘ》著／愛沢革訳『空と風と星の詩人——尹東柱評伝』（藤原書店）

本書は、一九四五年二月、二十七歳の若さで福岡刑務所で獄死した詩人尹東柱の評伝の、再改訂版（二〇〇四年）の全訳である。わが国には東柱の訳詩集はいくつかあるが、その実像は詳細には伝えられてこなかったように思う。第一次大戦中に中国東北部の朝鮮人の村に生まれ、キリスト教と民族主義に影響を受け、文学を学ぶために留学した日本で、要監視者である従兄弟と一緒にいたために逮捕されて生体実験の犠牲になったといわれるその生涯に迫るには、植民地支配、日本語常用、創氏改名、治安維持法といった、この国の負の歴史に向き合わなくてはならないからだろう。だが一方多くの人が「序詩」一篇からだけでも心を深く揺さぶられてきた。時代の闇の中でなぜあれほど清冽な詩を書きえたのか。そのような問いかけをあてどなく抱えてきた読み手にとって、本書の刊行はまさに恩寵である。

まず、実像を今できる限り正しく伝え残そうとする、著者宋友恵と訳者愛沢革の志が素晴らしい。本書の執筆中宋に送った手紙の中で、愛沢は「格調ある韓国語」で語る。「わたしはこんなふうに信じています。――尹東柱の詩とその生涯をしっかりと考えつづけるならば、そこには歴史と人間に関する重要で意味深い課題がつぎつぎに現れるのを知ることになるだろう、と。／このような意味において、尹東柱は多くの人びとがおのおの自らの本当の考えをそこでこそ問い直すべき土俵（ことばを変えれば媒体）だともいえるし、このようにして尹東柱をめぐって人びとそれぞれの本当の声がたがいに呼び交わしあう場を作り出すことができればすばらしいと思います」。これに応答するように宋は「日本語版によせて」で書く。「尹東柱の生涯とその詩は、朝鮮人と日本人の違いを超越する。それは人類の一部分が犯した悪とその苦痛にたいして人類の他の一部分が至純でありながらも強靭な意志をもって強い力で向かい合った記録である」。二人を果てしない仕事へ駆り立てたのは、この詩人の魂の実像を歴史や他者が織りなす光と影によって浮き彫りにする努力は、必ず対話や善への波動を起こすだろうという確信であり、希望である。

内容を詳述する紙幅はないが、最も感動を覚えたのは、民族の苦難と絶望の中で一時は詩も信仰も失いながら、やがて宿命を引き受ける覚悟の底から、詩人が生と自身への信頼を取り戻す過程である。その意味で延専時代の詩の推移を内的深化の側面から捉える第七章は興味深い（詩「八福」の推敲過程の考察は痛切だ）。生地北間島をめぐる第一章、従兄弟宋夢奎《ソンモンギュ》を追う第四章、詩を保管した姜処重《カンチョジュン》と詩人を世に紹介した鄭芝溶《チョンジヨン》に言及する第十章も重要である。

著者の歴史家としての確かな叙述に、時折小説家としての詩的な感慨がふっと折り混ざるのも嬉しい。これは一人の詩人の実像を浮き彫りにしながら、彼地と此地で「本当の声が呼び交わしあう場」を生成しようとする、勇気の一書である。

「向き合い」の結実——金時鐘《キムシジョン》『再訳 朝鮮詩集』（岩波書店）

一九四〇年出版された金素雲《キムソウン》訳『朝鮮詩集』（原題「乳色の雲」。五四年改編し文庫化）の再訳である。当時朝鮮語を知らない近代詩人たちは、素雲の「練達な日本語」（まえがき）を賞賛した。しかしその訳語は朝鮮人の側から吟味されることはなかった。そのため、金氏は早くから「日本語と原詩との兼ね合いを明かしたいと思ってきた」（同）という。訪韓できない氏に代わって、詩友が原詩を取り揃えた。

講演・対談集『わが生と詩』によれば、金氏は旧制中学二年のとき『乳色の雲』を手にし、「ボロけるくらい読んだ」と言う。「ああ、うちの国の詩も日本の詩と同じなんだな。同じものを持っているんだ」と感動して。しかし周知のように戦後金氏は小野十三郎の詩論との出会いも経て、みずからの原点にある日本の短歌的抒情に、批判的に向き合うことになる。本書はその「向き合い」の大きな結実である。素雲訳は、時代的限界の中で確かに朝鮮の「詩心」を伝えようとした。しかしそれは「当時の日本の抒情詩にリズムを合わせた、素雲自身の、詩の歌」（あとがき）であるという確信から、金氏は「忠実に原詩に迫ろうとして極力意訳を避けた」（同）。原詩五行ならば訳も五行、題材や素材となっている用語は絶対変えないという、ストイシズムを守ることで、原詩の「抒情」の内に秘められた「意志力」を蘇らせた。

たとえば『わが生と詩』でも指摘されている韓龍雲《ハンヨンウン》「桐の葉」の正確な題は、「知りようがないのです」。冒頭部分は、素雲訳が「風のない空から　垂直に波紋を描いては静かに舞ひ散る桐の葉――、あれは誰の跫《あしおと》でせう」、金氏訳は「風もない空の中に垂直に波紋を押し出しながら／静かに落ちている桐の葉はどなたの足跡なのですか」。明らかに金氏訳の方は現代詩としてこちらに届く。「跫」という聴覚は確かに抒情的な収まりがつくが、正確な訳語「足跡」の方がくっきりと鮮やかな視覚で記憶に刻まれる。このように前者の意訳の曖昧さと後者の直訳の形象性は、全篇で劃然としている。全詩を引き比べる余裕はないが、ふと目に止まったのは柳致環《ユチファン》の「点景から」。第四連五行目の「存在するすべてのものをいとおしんで」が素雲訳にはない。単なる脱落なのか。あるいは尹東柱《ユンドンジュ》の「序詩」にある「すべての絶え入るものをいとおしまねば」（金氏訳）が秘めているような「反日的」な意味合いがここにもあったからか。

在日という宿命を詩によって生き抜いた金氏。その生涯をあげての朝鮮語と日本語との「向き合い」。そして暗黒時代にも母語・母国語を手放さなかった、そのことだけでも敬意に値する詩人たちの意志。金氏の再訳によってかれらの詩を読み、付された略歴から時代に翻弄されたそれぞれの運命に思いを馳せてみよう。私たちの詩と日本語の「間口の狭さ」は押し拡げられ、未来へ確実につながっていく。新たな詩の力を汲むために、歴史的な視座と想像力を持ち続けたい。

遙かな時の海を越えて――青柳優子編訳・著『朝鮮文学の知性・金起林』（新幹社）

誰も彼に水深を教えたことがないので
白い蝶は海がすこしも怖くない

青い大根畑とおもって飛んでいったが
いたいけな羽は波に濡れ
姫君のように疲れ果ててもどってくる

三月の海は花が咲かずやるせない
蝶の腰に真っ青な三日月が凍みる

扉にある「海と蝶」（全文）のこのめくるめく詩的リアリティに、私は一瞬で吸い込まれた。

水深を暗く隠し、美しい青で無垢な蝶の羽ばたきを誘う海。波しぶきに濡れた羽で、あわれな姫君のように戻ってくる蝶。花の幻と酷薄に沈黙する三月の海。やがて蝶の腰に痛々しく突き刺さる三日月の冷たさ――。

本書の編訳者である青柳優子氏によれば、「三月」とは「三・一独立運動」、「花が咲かずやるせない」はその後も独立できないことへの失望感、海から戻ってきた「白い蝶」は「いずれ訪れる独立の日まで波にのみこまれまいとする、詩人の『生存の信念』」を表す。「生存の信念」つまり抵抗の意志を、これほど美しく幻想的なモダニズムで表した詩を、私は知らない。現実への意志を、それと拮抗する力で非現実へとねじふせる（あるいはその逆の）静かで激しい力。金起林《キムギリム》の詩は、現実と美の双方へ魅惑的に抗うのだ。

金起林（一九〇四〜？）は、金素雲《キムソウン》の『朝鮮詩集』にも紹介された、李箱《イサン》や鄭芝溶《チョンジヨン》とともに朝鮮モダニズム詩を代表する詩人だが、これまで全貌はほとんど知られてこなかった。本書が初めて紹介する生涯は、歴史と政治に過酷に翻弄されている。植民地化の渦中に少年時代を過ごし、留学した日本の大学でモダニズムへの関心を育む。その後新聞記者となり、鄭芝溶や李箱らと交流する。やがて新聞は廃刊に追い込まれ、太平洋戦争が勃発し、朝鮮での思想弾圧が激化したために故郷に引きこもる。解放後教員となり朝鮮文学者同盟に加盟し、詩集や詩論集など次々刊行するが、朝鮮戦争勃発直後に人民軍に連行され消息を絶ったと言う。以後軍事政権によって韓国の文学史から抹消された詩人は、長い時を経て政権崩壊をきっかけに復権する――。

本書の三分の二は、詩と随筆と評論のアンソロジー、残り三分の一は青木氏の「金起林研究ノート」である。金の評論「朝鮮文学への反省」は、現在の詩人も読むべき素晴らしい内容である。そこから見てとれるのは、彼のモダニズムの強靭さが、平和へのつよい思いから生まれていることだ。この詩人が近代の理性に期待したのは、民族主義を乗り越え世界的な原理を見出す力だった。歴史と現実を冷静に見つめながら、「来るべき民族文学」を今いかに創出すべきかを考え抜いた、真摯な詩的思考がここにある。

詩にとってモダニズムとは、近代の可能性とは何か。今の日本と日本の詩が抱え続けている（筈の）問いに、金起林の詩と言葉は遥かな時の海を越え、たしかに答えてくれる。

バラあるいは魂の根づきのための戦い
——池上貞子編訳『契丹のバラ——席慕蓉詩集』（思潮社）

作者席慕蓉《シームーロン》は、モンゴルの王族の末裔として四川省重慶に生まれ、少女時代に台湾に渡った。アイデンティティの複雑さを背景としながらも、台湾で出した詩集が当地と大陸双方で絶大な人気を博していると言う。本書は、作者みずからが日本の読者に向けて編んだ、六冊の既刊詩集のアンソロジーである。その出自と来歴を思い合わせながら、刊行順に並べられた各詩集の詩篇を読み進めると、想像が様々にふくらんでいく。詩人の内的歴史を、たとえば次のように想ってみることができよう。台湾で漢民族の教育を受けて育つ中で、思春期から意識された出自の血が、生来の資質にさらに孤独と憂愁をもたらし、詩へと向かわせた。四十六歳で初めて訪れたモンゴルの圧倒的な自然が、詩のたしかな源泉となり、それ以降の作品から愁いや無常感を少しずつ吹き払っていく。やがて故郷喪失者のメランコリーは、モンゴルという魂の故郷を獲得して反転する。そして詩人は「創世記詩篇」で「天地」の申し子として、生と世界へのためらいのない賛歌をうたいあげる——。

表題作「契丹のバラ」は、五十九歳で上梓した『迷いの詩』に収められる。契丹とは満州から中央アジアにかけて存在した遊牧民族であるが、作者の注によれば彼らはローズ・オイルを愛用したという。馬で草原を駆け抜ける男たちのイメージと、はかないバラの香りの取り合わせがいい。詩人は「もしも書くことでほんとうに昔を取り戻せるなら／一篇の詩の生命は／一輪の　契丹のバラのようであってほしい」と書く。詩は、歴史に消えた魂の美しさを、遙かな時を越えてバラの香りのように蘇らせるというのだ。ふと戦いを忘れ花々に顔を埋めた男たちの歓びを、千年の後も読み手の鼻腔に伝えうる、言葉の奇跡的な力。詩という愛と共感の方途。それを信じる詩人のまなざしは初々しい。「異郷」で内面へ折りたたまれがちだったまなざしは、モンゴルの明確な光と影と出会ってまっすぐに放たれる。「創世記詩篇」から──

彼女が天馬にまたがって宇宙の間を巡行する時、宇宙はどれほどだだっ広く寂しいことか！　思わず心に無限の羨望が生まれ、そこで万物が瞬時に芽を出す。ただ、ただ馬のひずめのまわりに色をつけるだけのために。
マイダル・ハタン、創生の女神。
マイダル・ハタン、創生の女神。

（「2　天馬（オイラート・モンゴル）」）

各詩篇の末尾に記された日付が興味深い。最新詩集『わたしはわたしの愛を折りたたんでいる』から採られた詩篇は、世界史的には9・11、個人史的には父の逝去という二つの苦難の後に書かれた。詩人の魂は故郷に根づくことを選びとり、向日性の詩を花ひらかせたが、深い生の次元でどんな戦いを乗り越えてきたのだろうか。

魂のグローバリズムの岸辺に――東アジアの翻訳詩集をめぐって

本年（二〇〇七年）は日本がアジアから歴史意識や外交力を鋭く問われた年だった。政治レベルでの緊張や不信の「氷」を融かすかのように、詩においては昨年から東アジアの翻訳詩集の相次ぐ刊行、また本誌一、三、十一月号に採録された日中現代詩シンポジウムの開催、八月号の韓国詩特集など、近くて遠かった「他者」との本格的な出会いが始まった。

中国、韓国、台湾から詩が、言語を通し、言語を越えて、私たちのもとへやって来る。やがて他の国々の詩との出会いもあるだろう。それは他者の詩が、私たちの詩をまなざすことであり、私たちの詩が他者の詩をまなざすことでもある。アジアだからこそ、詩を通してのまなざしの交錯が可能なのだ（ヨーロッパと私たちはまなざしを対等に向け合えるだろうか）。もちろんアジアの詩は私たちの歴史意識を問う。それらの詩がおのずと映し出す日本の醜い姿や歴史にも向き合わなくてはならない。しかしだからこそアジアの詩へ目を向けることは、日本の詩にとって動的な可能性を開くだろう。「私たちは誰なのか」と私たち自身に、そして他者に問いかける機縁となるだろう。

「私たちは誰なのか」——まだそんなことを言っているの？とかれらは訝るだろうか。しかしそのようなアイデンティティの不安定さは、言ってみれば日本と日本語と日本の詩に固有なものであるだろう。不安定な自分探しであっても、誠実に突きつめられるならば、繊細で魅惑的な表現を可能にするだろう。一方「私たちは誰なのか」は、内向きな自己愛に陥りがちなのも事実だ。ふるえつつ恐れつつ、隣人たちのまなざしへ問いかけてはどうか。あらたな自己投企として、私たちのなけなしの母国語を詩を、放ってみてはどうだろうか。

他者たちの詩は、私たちに強烈に問いかける。断言や歌やエールとして。かれらはそれぞれの土地の憂愁から、個人というより民衆の繊細な代表として、無謀にも全世界の人々にむかってうたおうとしているように見える。しばしば翻訳された詩が荒削りな印象であるのも、かれらの表現への衝迫を、日本語という器が受け止め切れないからではないか。

まず韓国の詩人、高銀《コウン》（一九三三生）をみてみたい。「民主化闘争のなかで何度も投獄され、極貧と戦いながら自分の手でひとつひとつの言葉を獲得してきた」（辻井喬）詩人。春に刊行された『いま、君に詩が来たのか』（青柳優子、金應教、佐川亜紀訳、藤原書店）は大いに刺激的だ。生や言語や歴史への絶望から、詩というものがもつ瞬発力、生命力で言葉が鮮やかに立ち上がる。今年ノーベル賞候補にもなったが、言語を越えて世界の人々の心を射抜くものがたしかにあり、ぜひ読んでもらいたい詩人だ。

我らみな矢となって
全身で行こう
虚空をうがち
全身で行こう
行ったら戻ってくるな
突き刺さり
突き刺さった痛みとともに　腐って戻ってくるな
我らみな息を殺して　弓弦を発とう
何十年間　持ったもの
何十年間　享受したもの
何十年間　積み上げたもの
幸せだとか
何だとか
そんなものすべて　ボロとして捨て

矢となって　全身で行こう
（「矢」第一連）

崔元植《チエウオンシク》の解説によれば、これは「一九七〇年代最高の抵抗詩の一つ」（朴政権に対する）という。「一寸の緩みもない緊張感が充満するにもかかわらず生命の躍動感がなく、まるで地獄の黙示録のように暗鬱な色調で私たちを虜にする」というのだが、これは私の印象とは正反対である。たしかにこの後で「真っ暗な真っ昼間」とか「血」や「英霊」という言葉もあるし、引用部にも「腐って」や「息を殺して」というネガティヴな表現がある。しかし訳出された詩は、「我ら」を否応なしにはつらつとさせ、生命を躍動させる。これは背景を読み取れるか否かの差でもあるし、朝鮮語と日本語の落差も関わっているだろう。

背景を知らなくとも日本語となっても、高銀の詩は読む者を鼓舞するのだし、それでいいのではないかとも思う。だがその上で知っておいた方がいいのは、日本語というものの外から見た姿だ。例えば在日詩人である金時鐘《キムシジョン》の考察は鋭い。朝鮮語では陰性母音が高い比重を占めているのに対し、「えりすぐったような澄んだ音だけを日本語は基本母音にしている」（『もう一つの日本語』）と言う。そしてそうした響きの排他性、純潔性を文化や政治にも聴き取るとも述べる。

たしかにこの訳も「澄んだ音」だらけだ。マーチのようなリズムさえある。朝鮮語の原詩はどうなのか。陰性母音が暗く響き、リズムも異なるのではないか（なにしろ「地獄の黙示録のように暗鬱な色調」なのだ）。なにより高銀自身「音声としての詩が生命なのだ」と強調している。他者の言語には子音も母音も固有のものがあり、詩であればさらにそこにこめた思いもある。だが私たちは母国語の「明るい」フィルターで漉された光を見るしかない。人の常として光こそを見たいのだし、過去よりも未来を感じたいから。だがそこからこぼれ落ちる闇と呻きはたしかにある。それを感じ取れるかどうかは、一人一人の歴史意識や想像力が試される痛点、盲点であるだろう。私たちが闇に関心を寄せれば、「明るさ」も未知な明るさへ変わり、詩意識をさらに触発していくはずだ。高銀の詩は、そしてアジアのすぐれた詩は、そのように誘うように問いかけるように、私たちのもとへやって来る。

韓国語の海の向こうに日本語があること、中国語があること、そしてベトナム語がある幸福と、それらの言語の境界を越える幸福で私は独りではない。

こういう私の言語が日本語の友情によって新しく生まれたことは詩の行路をあらためて悟らせる。なぜなら、詩はあるところから他のところへ行くことを詩自身の生としているからだ。詩がある国の響きなら、その響きはやがて他国の旅人になるのだ。今なおあのシュメール時代の詩が今日の旅人として生きている事実と違わないように。

（「日本の読者へ」）

世界の汀に一人立つ詩人高銀の、詩と友愛へのつよい確信が語られている。「詩はあるところから他のところへ行くことを詩自身の生としている」。そのように詩とは生きてうごいて、響いていくもの、「矢となって全身で」行くものなのだ。孤立し内側だけで響き合い、暗黙の了解で頷き合うものではない。作品として閉じ、箱庭のように自分や仲間だけを慰撫するだけでは、かならずゆきづまる。詩は私が生きるためにある、私は詩を書くことで、他者に向かって本当の生を顕したいのだ――。素朴な真実だが、私が（私の日本語が）言えなかったつよさで、高銀の言葉は断言してくれている。

中国の駱英《ルオイン》（一九五六生）の『都市流浪集』（思潮社）も興味深い。日本語のフィルターに濾されて素朴な印象が際だち、怒りや悲しみの真の姿は見えにくいが、それらは姿なきままに私たちにまっすぐに響く。詩人は激動する中国の企業家でもある。「甘粛省蘭州で生まれ、寧夏回族自治区の銀川で育ち、早くに両親を亡くし、離合集散漂泊の辛酸を味わい、その幼少期は〝家なき子〟という言葉にふさわしいものであった」（田原）と言う。詩人は〝家なき子〟の群体がうごめく都市と一体化して、郷愁、悲しみ、怒り、憂愁をうたい続ける。

酒場のホールに生き存え

繰り返し繰り返し装いを脱ぎ捨てる
観察し観察され
一回一回敏腕ビジネスマンによってファイルされ
コーヒーに洗われた顔はみんな落ち着き払っている
常温の生活はどれもこれも長々と続き
テーブルを仕切る灯りはいつも明るすぎ
いつも突然に母を思い出させる
コップを持つ手が時として震えるのは
亡くなったあとのお国訛りが私をうろたえさせるからだ
苦しみなく生き存えたとしても眼が湿ってきそうだ
あの時の苦難にさえしまいには憧れてしまいそうだ
庭の薔薇は今ちょうど一面に紅く咲いているというのに
どの花びらに我が故郷のホソバグミの花の香りがあるというのだろう
苦いコーヒーは冷たくそして熱い
ちょうどホールで
バイオリンが望郷の曲を奏でたばかりだ

（「生き存える」全文）

生ではなく「生存」。別の詩に「犬の糞みたいなおまえの生存」(「都市流浪の歌」)ともある。そのように言い放つ絶望は何か。都市のグローバリズムの暴流の中で、必死に岩場にしがみつく木の葉のような心を感じる。心が生きるためには身体が生きなければならない。しかし身体が生きるためには心が生きなければならない。「生存」とは、身体と心が追いつめられた魂の「生きたい!」という切実な叫びかもしれない。「生存」という言葉は高銀の文章にもみえる(「社会は私の生存の場だが、同時に私の生存を無記名の細胞とする組織である」(「詩は誰なのか」、前掲書))。両者の「生存」は、「生きたい!」という痛切な叫びとして同じなのだろう。

刊行は昨年だが、異色なのは「台湾現代詩人シリーズ」(思潮社・全四巻)である。日本統治下に日本語によって詩を書き始めた、社会性の濃い陳千武《チエンチエンウ》(一九二二生)の『暗幕の形象』、戒厳令下にシュルレアリスムによって詩作の自由を確保した「軍中詩人」(軍籍を持った詩人)瘂弦《ヤーシエン》(一九三二生)の『深淵』、陳と同じく植民地期に日本語により詩作を始め、日本のモダニズム詩の影響を受けた林亨泰《リンホンタイ》(一九二四生)の『越えられない歴史』、マカオで生まれ香港に育ち、台湾で学ぶ中で詩を作り出しアメリカに住む張錯《チヤンツオ》(一九四三生)の『遙望の歌』。「孤児はイモの形のまま/五十年プラス四十年/太平洋の黒潮の衝撃を受けて/洗い浄められ/世界銀行に数百億ドルの外貨を残すというほどの/美麗の島」だが、「イモこそ　千九百万島民の飢しのぐ根源」（陳千武「焼イモ」）でもあったこの国の歴史的現代的苦難を、同じアジアの孤児とも言える日本という島国が、詩を通して知る意味は決して小さくない。

しかも僕たちは去年のヒトリガのために記念碑を建てた。僕たちは生きている。
僕たちは鉄条網で麦飯を炊いた。僕たちは生きている。
看板の悲しみの旋律を突き抜け　セメントの薄汚い影を突き抜け
肋骨の牢獄から釈放された魂を突き抜け
ハレルヤ！　僕たちは生きている。歩き　咳をし　議論し
面の皮を厚くして地球の一部を占めている。
今死につつあるものはなく
今日の雲が昨日の雲をなぞっている。

（瘂弦「深淵」）

「彼ら軍中詩人は、大陸から台湾へ国民党の軍隊とともに渡ってきた人たちである。瘂弦がそうであったように、彼らは悲惨な内戦を体験し、家族や親戚と生き別れになり、気候風土や方言を全く異にする見知らぬ土地（台湾）での暫定的な（実際は半永久的な）生活を余儀なくされた」（松浦恆雄氏による「訳者後記」）と言う。「『現在』と『未来』の狭間に彷徨することに、

我々は身体をばらばらにされ立ち直れないような絶望感を感じた」（松浦氏が引用する詩人葉維廉の述懐）という絶望感からの自己救済を意味する瘂弦のシュルレアリスム詩には、パウル・ツエランを思い起こさせるものがある。詩「深淵」のエピグラフは「私は生きたい、それだけだ。と同時にその不愉快さにも気づいた」というサルトルの一節である。やはり「生存」なのだ。そして生が生存であるしかないことに対する「不愉快さ」がそこにある。

日本の社会も詩も大きな転機にさしかかっている。生が生存となりつつある日々、澱みつつ拡がる憂愁――。私たちもグローバリズムの危機の中で、島という身体をうちふるわすことが出来るのではないか。母国語＝日本語の可能性を探り当てるために、他者たちに問い語りうたう方途を見つけるために。それぞれが生きる土地に固有な憂愁を普遍化する詩＝魂のグローバリズムの岸辺に、今私たちも立ち始めている。

アンガジェせよ、と誘う他者たちのほうへ――二〇〇九年東アジア翻訳詩集・評伝

今年も東アジアの翻訳詩集の刊行が相次いだ。今私の手元に、中国（語）の北島《ペイタオ》『北島詩集』（是永駿訳、書肆山田）、台湾の席慕蓉《シームーロン》『契丹のバラ』（池上貞子訳、思潮社）と向陽《シアンヤン》『乱』（三木直大訳、同）、韓国の朴柱澤《パクジュテク》『時間の瞳孔』（韓成禮訳、同）がある。また詩集以外では、宋友恵《ソンウヘ》『空と風と星の詩人――尹東柱《ユンドンジュ》評伝』（愛沢革訳、藤原書店）に刺激を受けた。表現方法の難易や思想の深浅は様々だが、いずれも鏡に向かい合うような新鮮な緊張感を与えられる。その緊張感こそが、私たちの詩を触発する他者の魅惑である。

アジアの詩を前にすると、この国で詩を書く者は、おのずと襟を正すような緊張感をもたらされるだろう。そのような心理的事実は、それらが私たちの詩にとって大文字の他者である証である。「大文字の他者」などと聞きかじりの精神分析学用語を使ったが、アジアとは、外部に背を向けていた私たちの肩を、思いがけない力で叩き振り返らせ、抑圧していた無意識を思わぬ形で引き出してくれる存在ではないか。アジアの詩は、私たちの現代詩にとって、いつし

か忘れつつある世界への「まっとうな」態度あるいは信頼の感情を触発する「実在」であるといえないか。それらが魅惑的な他者である真の理由は、太陽や星や風や闇を信じるように、詩を差し向けるべき「大文字の他者」を信じているからである。

『空と風と星の詩人――尹東柱評伝』は、韓国では知らない者はいない「国民的詩人」である尹東柱の評伝の、再改訂版（二〇〇四年）の全訳である。すぐれた詩人の生き方と魂のあり方に対する著者の深い共感にもとづき、その生のドラマの実像を細部まで丹念に追った労作だ。事実と事実、あるいは事実と心情を、聴き取り調査やそれにもとづく推測や著者自身の考察を交えてスリリングに繋げていく。その結果東柱の生と詩を創り上げた事実の一つ一つが、時代を越えて吹きやまない風に身をさらす星々として、読む者の魂に痛切な星座を刻む。この一書を読み私自身もまた、詩を変容させられずにはいられない思いさえした。人間にとって詩を書くとはいかなることか、詩人とはこの世界においていかにあるべきであり、どうありうるのか――動きの鈍っていた私の詩への思いも、星の生成点のような詩のあらたな原点へ、砂時計の砂が落ちるように渦巻いていく。

東柱は二十七歳の若さで福岡刑務所で獄死した。第一次大戦中に中国東北部の朝鮮人の村に生まれ、キリスト教と民族主義に影響を受け、文学を学ぶために留学した日本で、要監視者である従兄弟と一緒にいたために逮捕され、亡くなった。生体実験の犠牲になったともいわれる。

植民地支配、日本語常用、創氏改名、治安維持法といった歴史の闇の中で、なぜ煌めく星のように、禁止されたハングルで詩を書き続けたのか。ぎりぎりの孤独から生まれたからその詩は、魂の金色の血のごとく、言語の違いを越え私たちの胸に繊細に響き入る。東柱は危機的な精神状況を詩を書くことで耐え抜いたが、詩人にとって詩とはどのような希望だったか。あるいは希望を裏打ちした絶望はいかなる深さだったか。この一書は魂のドラマを興味深く、そして甘美な苦痛と共に感受させてくれる。詩を生き抜いた「至純」の一人の他者の生の現場に、想像力と感受性を巻き込まれる（アンガジェする）ことは、私たちの何かをひらかせる。著者が三度改訂版を出し、訳者が五年をかけて翻訳した労苦を支えたのも、間違いなく、そのような「アンガジェ[*]」にこそ希望があるという信念だろう。

例えば日本の植民地支配が創氏改名や新聞の廃刊にまで至った一九三九年から四〇年までの一年以上の間詩を中断していた東柱は、四〇年十二月に再び書き出すが、その一篇「八福」の肉筆原稿における推敲過程に関する考察には、胸を衝かれるものがある。あの有名な「序詩」が生まれた根源を、ここに見てとることもできよう。絶望がきわまることで詩という清冽な希望が身を起こす、つまり人間に詩というものが生まれる裸形の過程を、私たちは生々しく追体験できるのだ。

『北島詩集』では、中国詩の「復興」という意識を担いつつ、中国伝統詩に欠けた現在的な

「憂鬱」の追求と、それを伝える形式としての「伝送体」の模索を試みる詩人の思索と言葉の全貌に向き合える。北島は、中華人民共和国の成立年（一九四九年）に生を享け、文化大革命のさなか学業を中断し、肉体労働に携わった後、七〇年から詩作を始め、八九年の天安門事件をきっかけに国外で生きることを選択した。つまり二十年近く異郷の地において母語で書き続けてきたわけだが、その体験が詩人に短詩への嗜好と、イメージと語の凝縮性と哲学性をもたらした。詩の質感は同じく亡命詩人であるツェランをも思い起こさせるが、流亡という宿命と、自身の特異な詩のあり方との必然的な関係について、栞の対談で詩人はこう述べる。「海外でよく（中略）母語と疎遠になってしまうのではないかと聞かれます。実際はその逆で、母語との関係はずっと近づいたものに、もっと正確に言えば、母語との関係は新たなものに変わったと言えます。他郷で漢語（中国語）を用いて創作する人間にとって、母語は唯一の存在なのです」。この言葉の直前で唐暁渡が引用する「（注：母語は）同時に一人の人間の剣となり、盾となり、宇宙の船室となる」というブロツキーの言葉も思い合わせれば、北島の詩の（恐らく翻訳においても原詩のままであるはずの）漢語の意志的な美しさの源が見えてくる。異郷で母語は、詩人にとって唯一の存在として世界に屹立し、むしろ武器のように煌めくのだ。

夜が非のうちどころのないものへと向かい

わたしは言語を漂流する
死を奏でる楽器が
氷に満たされる
誰が日々の裂け目で
歌うのか、水が苦くなり
炎は血を失い
山猫のように星々めがけて疾走する
或る形式があってはじめて
夢見ることができる

（「二月」第一連）

「死を奏でる楽器が／氷に満たされる」——異郷で母語はそのように鳴るのだ。まるで生の弦の痛みのように。植民地下朝鮮と日本の地で、東柱が危険をかえりみずハングルで詩を書き続けたのも、おのれの「楽器」が日々「氷」で満たされていく危機感があったからかも知れない。席慕蓉詩集『契丹のバラ』は、モンゴルの王族の末裔として四川省重慶に生まれ、少女時代に台湾に渡った詩人のアイデンティティの複雑さを背景とする、いわば成長物語としての詩群といえるアンソロジー。言語的な葛藤という点では物足りないが、五十歳前後で魂の故郷（モンゴル）を獲得し、母語を習い始めた経験は大きかったようだ。次のように素直にうたった喜びに思いを馳せてみたい。

テンゲルは青い空　イヘ・オロンは大地
フドウー・ノタグは　もっぱらこの高原の草場のこと
わたしたちの先祖だけがもっていた領土
ここでは人と自然は上手に住みあい　かつて
蒼天の神のもっとも深い愛があり　それは青緑の生命の海であった

（「モンゴル語レッスン」第五連）

朴柱澤『時間の瞳孔』は、時間を凝視める瞳孔の告白の気配のみを伝える。読点の少ない訳詩が、イメージや意味を押し流していく不思議な印象がある。次の詩の「あんあん」という闇の泣き声がくるおしい。東柱の詩の中でも電信柱の泣き声として響いた擬声語だが、いったいどのような声なのか。閉ざされていた耳をひらき聴き取ってみたい。

静寂から足跡を記憶する人々

その足跡に浸かり、門を探す人々
数多くの別れが、生きているということで自分と抱擁する夜
あのようにしてくるのか、秋は
人につかえられた闇が、あんあん泣き
山の中腹のモーテルから、輝いて来る
ネオンの光にしばらく身を奪われる
このすべてが遠くにあるのではないように

（「風を読む夜」第二連）

向陽『乱』では、霧社事件（今夏ＮＨＫが再放送した『台湾万葉集』の特集番組で紹介された一首が、この事件をうたっていた。日本の圧政に耐えかねた高砂族の蜂起の悲劇である）を叙事詩として描く作品「霧社」が、直截的ながら圧巻である。運動会を襲う合図の「殺《シャー》」という叫びが、背後から聞こえてくるかのようだ。

アジアの詩は差異と親和によって、私たちの魂と日本語から詩を無限に触発する鏡である。私たちの詩もまた、想像力と感受性を巻き込まれる（アンガジェする）ために、さらに裸形にひらかれていかねばならない。アンガジェせよ、と誘う他者たちのほうへ。

＊「当然ながら、芸術家たちに『アンガジェ』せよ、つまり政治的立場をはっきりさせよ、などと言っているわけではない。そうではなく、芸術の仕事というのは、**他者の感受性**という問題に**そもそも巻き込まれて** engagé いるはずだと言っているのである。」（ベルナール・スティグレール『象徴の貧困』、太字ママ）

アイヌの世界の煌めき、歌の鳥の身じろぎ
――伊賀ふで詩集『アイヌ・母《ハポ》のうた』（現代書館）

本書は釧路のアイヌ民族の家庭に生まれ、アイヌ語を母語として育った女性伊賀ふでが書き残した詩をまとめた一集である。アイヌに伝わるウポポ（祝い事や祭りで女性たちが円座になって歌う「座り歌」）の意訳詩、アイヌ語と日本語の対訳詩、日本語詩の三部に分かれる。ふでは、日本国家の同化政策のために失われていくアイヌ語と民族のこころを、詩というかたちで後世に伝えようとした。それらを書き留めた十三冊のノートを大切に保管していたのは、長女のアイヌ文様刺繡家チカップ美恵子である。

第一部「ウポポ意訳詩」からは、美しいイメージと音によって、アイヌの豊かで流動的な原風景が立ち上がってくる。意訳詩はカタカナで書かれたアイヌ語とそのまま対応してはおらず、「その歌に込められている物語や言い伝え、背景をふでさんが詩情豊かに膨らませたもののようである」（大野徹人氏。以下引用同じ）という。たしかに作者の詩心が思う存分羽を広げ飛翔し、日本語を自由に解き放つかのようだ。「霧が　ゆらゆらゆらとゆれて／エカムイ（雷神）が

美しいゆりかごに乗り／海のかなたへ　消えて行く／いまのは夢か　まぶたのそこに浮かぶ」（「霧とカムイ」）。他の詩にも出てくるこの「ゆらゆら」立ちのぼる霧は、ふでを慈しみ育てた釧路の原風景であると共に、アイヌを守る神の姿でもある。「意訳詩」には、すべての物が神の化身である世界が煌めき、豊かにうねるのだ。

第二部「対訳詩」の多くは、日本語で書かれた後でアイヌ語に訳された。ふでは「日常生活ではほとんど日本語だけを使っていたものと思われる」ため、この対訳作業は、「自分のうちにある民族の言葉を思い出したり問い返す作業」でもあったという。だがそれだけに、対応するアイヌ語が見つからない場合はアイデンティティの不安に襲われ、自分は誰なのかという疑念に苛まれたこともあったはずだ。しかしそれでもここでアイヌの世界の煌めきはまだ健在である。

だが第三部「日本語詩」は違う。貧困や差別に抗いつつ時に打ちひしがれる生活者ふでで、という一人称に現実からの重力が一気にかかり、世界の煌めきは消えている（同じ年に書かれた第一部と第二部の詩を比べれば分かる）。なぜか。ふでにとって日本語はアイヌ語より内面を吐露できる言葉だったたから、さらには日本語の固有の音とリズムと意味が、詩の流れを、世界の煌めきの方へではなく内面性の暗さの方へと引き込んだから、ではないか。

付録のＣＤで実際ふでが歌うウポポなどを聴くことが出来る。「歌に生まれ／歌に育った民族」(「鯨の歌」)によるその自然発生的な口ずさみのような繰り返しを聴いていると、自分のどこか深くが触発されうごめくのを感じる。それは、文字によって国家の制度や歴史の重力がかかるよりも遥か以前に、私たちの心から自由に羽ばたいた鳥=歌の、思いがけない身じろぎだろうか。

闇のまま輝く生の軌跡――関口裕昭『評伝パウル・ツェラン』（慶應義塾大学出版会）

本書はパウル・ツェランの日本初の力作評伝である。「アウシュヴィッツの後に詩を書くことは野蛮だ」という有名なテーゼを、アドルノに翻させたといわれるツェランの詩。それはなぜいまだ、晦渋さを越え「比類なく美しく、また痛々しい響きを伴って」私たちを揺さぶるのか。著者はその謎を、過酷な宿命を課された詩人の生の背景から、丹念かつ誠実に追う。夥しい作品資料と「年々加速度的に増え続ける」文献に目を通しての執筆は「予想以上に困難」であり、「大鉈をふるった結果」約五百頁にまとめられた。実証と想像力によって、分かりやすく事実がつながれていく。難解な詩句も、時代と他者との連関において読み解かれる。アウシュヴィッツ以後を、声なき死者のために詩を書くことで生き抜こうとしながら、狂気の果てにセーヌ川に身を投げた、ドイツ系ユダヤ詩人の生の全体像が、敬愛と哀悼にもとづき広く深く描かれる。一読して悲しみと感動を与えられるとともに、多くのことを考えさせられた。詩とは何か。詩にとって他者とは誰か。孤独、信頼、愛とは――。本書が描き出す生が、悲劇的にもかかわらず魅惑的でかつ興味深いのは、ツェランという詩人において、詩と生が「比類なく」「痛々しい」までに同じものだからだ。その生の軌跡から、私たちは詩を考えるヒントを無限に引き出すことができる。

詩、歴史、政治、宗教など様々な角度から読むことができる本書において、とりわけ愛は大きなテーマである。根源にあるのは母への愛だ。両親を強制収容所で失ったツェランにとって、すべての詩は最愛の母の墓碑銘として書かれた。「母を言葉そのものとみなし――彼が生涯、敵の言語でもあったドイツ語でのみ書き続けたのは、それが『母語（Muttersprache）』であったからである――、「織物」や「輝き」のイメージでとらえるのは、晩年まで一貫した姿勢である」。「織物」とは、詩人が常に身につけていた母の手編みのセーターあるいはベストと、収容所で「料理女」をしていた母へ届けられなかった布から生まれたイメージだ。ツェランは届けられなかった布の代わりに言葉を編んだ。つまり亡き母を包む布としてすべての詩を書いたのである。また、やはりナチスの受難を体験した詩人ネリー・ザックスの姉のような愛。そして版画家である妻ジゼルの愛――。ゴル事件とも絡む文壇の反ユダヤ的な動きと迫害妄想に苦しむ詩人を、ジゼルは献身的に支えた。引用された手紙や日記には真実の愛が滲む。どんな危機にあっても決してツェランを見捨てなかったこの女性について、私は本書で初めて詳しく知り涙があふれた。

「アウシュヴィッツの後なお『信じられるものがあるか否か』」。本書の中で、人間への根源的な信頼を断ち切られた詩人の魂はそう私たちに問いかけ、闇のまま輝いている。一つの魂をめぐる短くも長いこのドラマに、ぜひ想像を馳せてほしい。私たちの闇が答えのように、星のように輝き出すかもしれないから。

夢の蓮の花の力――詩人としての中上健次

I

小説を読むのは苦手だ。いわば起承転結という「作られていく時間」＝物語に（それが工夫されまた平易に書かれたとしても、いやそうであるからこそ）ついていけない。読む私の肉体は、いつしか登場人物たちの薄い仮構性に苛立だっていくからだ。だが今年十七回忌を迎える中上健次は、そんな苛立ちとは逆に、私にとって身の底から深い解放感を与えてくれる数少ない作家の一人である。

その小説は端的に言えば、路地という狭い舞台で関係の濃い登場人物たちが、それぞれの宿命を交錯させ繰り広げる愛憎劇である。複雑で即興的でもあるが、読んでいて飽きることがない。筋を忘れ、人物の関係があやふやになってきても、引きつけてやまない言葉の魅惑、日本語本来の闇と光の磁力を感じる。自然と心理が交感する描写の素晴らしさ。出来事の経緯を、自身の記憶の闇から光の方へたぐるように、説いていく文章の濃密さ。主語がいつしか変わるほど、叙述に酔い痴れる書き手の陶酔は、こちらをも酔わせる。誰が誰に何を語っているか、分からないところもある会話は、私たちを発語の現場に立ち会わさせるようだ。全体として、その小説群に私が感受するのは、熊野の自然と一体となった日本語の勁《つよ》さ、繊細さである。熊野の木々が風に吹かれ、日輪のよぎる虚空を弦のごとく奏でていくように、言葉たちはふるえている。若々しい意志と「書く」という労働の至福の感覚が、ある「困難さ」を突き抜けてこちらの魂に伝わってくる。そして何よりも感銘深いのは、他者に伝えたい、他者に伝わるだろうか、という言葉以前にある切実な思いである。

吹きこぼれるように、物を書きたい。いや、在りたい。ランボーの言う混乱の振幅を広げ、せめて私は、他者の中から、すっくと屹立する自分をさがす。だが、死んだ者、生きている者に、声は、届くだろうか？　読んで下さる方に、声は、届くだろうか？

芥川賞を受賞した『岬』の後記で作家はこのように書いた。「吹きこぼれるように、物を書きたい」。そのつよい思いが、短い生涯を駆け抜けた中上健次のエクリチュールの「力」である。「ランボーの言う混乱の振幅を広げ、せめて私は、他者の中から、すっくと屹立する自分をさがす」。中上健次において書く衝動とは、ひとえにそのような他者（との関係の中にある自分）への衝動である。いってみればそれは、「私は一個の他者である」（ランボー）という自我の混乱を押し広げ、その結果「私は諸関係の総体である」（マルクス）というざわめきと喧噪へ向かっていこうとする意志なのだ。あるいは自分自身の「混乱の振幅を広げ」ることによって、他者を発見したいという願いである。自分が混乱しているからこそ、溺れるように他者をもとめうるのだ。表現者にとってこれは大切な逆説である。複雑な血縁関係をテーマとする「岬」のラストで、主人公秋幸は「腹違い」の妹とついに交接する。

苦しくてたまらないように、眼を閉じたまま、女は、声をあげた。女のまぶたに、涙のように、汗の玉がくっついていた。いま、あの男の血があふれる、と彼は思った。

この「あふれる」は「吹きこぼれる」と同義であるのだろう。作者の内面は暗い性欲のように深く抑圧されている。しかしだからこそ血のようにあふれ、吹きこぼれ、光のように他者へ向かおうとするのだ。そのような「あふれる」作家にとって、書くとは、みえない抑圧を受けて深まった内面の底から、みずからを混乱させながら他者へ向かう行為である。あるいはそれはいわば「混乱」の実践である。渦まき錯綜し、ときにみずから傷つき呻き、ふいに澄み渡って忘我する言葉たちによる果敢な戦いと冒険。それは、やがて「他者の中から、自分がすっくと屹立する」まで、あるいは逆もまた真で「自分の中から、他者がすっくと屹立するまで」無限に続くはずだった。だが残念ながら早世のために、無限に書こうした意志だけが未完に残された。そして死が中断した膨大なエクリチュールは、草のごとく木々のごとくいまだざわめくのだ。

2

中上健次論はあまたに存在する。しかしこの書き手を詩人としてとらえたものは少ない。そもそも作家が出発点で詩を選んだこと自体、あまり知られていない。また中上に限らず多くの著名な作家の始まりには詩との蜜月が存在するが、各人の詩とその後の散文との関連は、とり立てて語られたことがなかったように思う。作家たちはなぜ最初に詩を選んだのか。そしてなぜ離れていったか。中上健次は、その問いに、最も現在的に、本質的に迫りうる書き手ではないか。その小説の言葉は、散文と詩の閾に揺らいでいる。だが作家はそれを詩としてあらためて作品化することはなかった。詩と散文の間には犯しがたい「結界」があったのだろう。しかし「結界」があるからこそ両者は無意識の深さで結びついているのだろう。

簡単にいえば、中上が詩という形式から離れたのには三つの理由があると想像される。一つは、詩というものが傷つきやすい己の魂を護る「美しいサンクチュアリ」だから、手付かずのまま残したということ。二つ目は、当時の詩のあり方では社会や現実と対峙しえないと判断したこと。最後は、それが「体軀」から吹きこぼれてやまない言葉の乗り物としては、もろく窮屈なものと判断されたということだ。もちろん前述したように、作家は詩から離れたからこそ、散文においてより深く識閾下で、詩と関わっていったのである。

一九六四年（昭和三十九年）、高校三年生の中上は文芸部の機関誌に、詩と短編小説と戯曲を同時に発表する。

僕の心の飛翔が
温かさと、甘さと、息ぐるしさの中に向かうとき
とりのこされた子羊と群の中の子羊は
ただの子羊でなくなる。

◇

僕の心の飛翔が
冷たさと、悲しさと、あきらめの中に向かうとき
羽がぼろぼろに破れて

傷ついた翼なのに気がつく。
（「無」全文）

「鳥」「飛翔」は、後の散文において大きな意味を持つモチーフでもある。それは今はおくとして、このような甘やかで誰も知らない言葉の揺籃の中で、中上健次という鳥はおずおずと羽を拡げ始めたのである。だが甘美な孤独から拡げられた羽は、ここですでに現実の重さと敗北を予感している。もう一篇「ふうせん」という五行詩が掲載されているが、これもまた世界のはかなさを平仮名だけで巧みに表現する（「みんなあかくきらめくふうせんのおとぎばなしです」という最後の一行がきらきらと目に残る）。両作品をまとめたタイトル「硝子の城」は、はからずも作家にとって、詩がいつか壊れる甘美な城であることを告げている。

『全集』第十四巻（集英社刊）は、この「硝子の城」から始まる詩二十四篇を収める。しかしそれは編集時点で集め得たもので、四方田犬彦氏の月報解説によれば、「実際にノートに書きつけられたきりで、人目に触れず破棄されたものを含めると、おそらく相当の分量が制作されていたと考えられる」という。恐らくまだ発見されていない作品も、収録作品と同様に抒情的な鬱屈とした気分を下地にしているはずだ。

中上健次の詩の印象はけだるく暗い。傷つき抑圧されたがゆえに頽まれなものとなった感受性に、生い立ちの複雑さ、兄の死の影、政治の季節という時代状況、熊野という風土の陰翳がからまりあう。多くの詩はジャズ喫茶で書かれたのだろう。いまだ何者でもない（＝出自を隠している、新宿で「フーテン」をしている）鬱屈した土くさい幼鳥が、東京という憧れの地で、詩というモダンな硝子の城の中で羽を拡げだした、けだるい喜びを感じさせる。しかしこの鋭敏な鳥にとって、この硝子の城は、すぐに虚偽と保身の匂いのする空間へと変じたのである。自由を謳歌しているかのようでいて、そのじつ党派的で階級的な現代詩の状況がそう思わせたかも知れないし、詩という形式そのものに、被差別者という原点までをも含めたおのれの露呈を許さない、何らかの限界と制限を感じたのかも知れない。たしかに現代詩とは「自由」である。だが自由という名の下に、鋭敏な鳥ならば感受しうる抑圧があるのではないか。「ほらこんなに自由じゃないか」とあらかじめ手を打たれるように言われるところに、真の自由はない。そのような詩の現実を鳥は憎んだのではないか。

「詩は軽蔑に価する」（七六年）という象徴的なタイトルのエッセイの次の箇所に注目したい。「ところで、詩ではなく、小説やエッセイの自動手記をやるためには、一定の手続きがいる。まずすべてを棄てること。なにもかも切り棄てること。さっきまで口角泡をとばしていたそのこざかしい理屈をそぎ落とすこと、さながら巫女やシャーマンの状態に自分を入れる、（…）ただ在るだけだ。在ることそのものが、エロチックになるのである。草のフェティシズム、交感」。そして直後に書く。「そんな私には、いま詩は軽蔑に価する」と。だが「巫女やシャーマンの状態」つまり「すべてを棄てること」とは、ふつう詩の発生をいうのではないか？　しかしここでは「小説やエッセイの自動手記」の陶酔状態を指している。このエッセイの文脈によれば、詩は逆に「こざかしい理屈」と関わるのである（参加した文芸同人誌の会合の印象、戦後詩や同時代の詩の「批評性」が念頭に置かれているだろう）。「ただ在るだけだ」とは、「根源的に在りたい」という作家の一貫した非望だが、それはただ一人で「在る」ことではなく、先述したように、「私は一個の他者である」（ランボー）として、自我の混乱を押し拡げ、「私は諸関係の総体である」（マルクス）というざわめきと喧噪のただ中に自分を「在らしめる」ことである。つまり「在ることそのものが、エロチックになる」という、「草のフェティシズム、交感」の現場を獲得することである。しかし、私たちはそれこそを詩と呼ぶのではなかったか？

3

「詩は軽蔑に価する」。しかしもちろん初期の中上健次の言葉のあり方、方向性においてそのように断じられたのであって、最終的に作家が詩にどんな可能性を感じていたかは分からない。死の一年前に「ショウヅ、詩ハイイナア……」と正津勉に呟いたという。あるいは小説やエッセイでこそ真の詩を模索していたのだともいえる。だがこの作家の詩性を考えるために、もう少し初期に書かれた詩をみてみたい。

『全集』（集英社版）第十四巻に残された二十四篇の詩は、自分も他者も見えがたい薄闇を湛えている。薄闇の底では羽化したばかりの鋭敏な言葉の羽が、未分化で半透明なけだるさの中に慰撫されつつ傷ついている。詩の中で（あるいは詩に対して）傷つくことが、後の散文におけるきらめく生命力を準備したのだろうか。基本的にその詩にあるのは、抒情的なダダイズム、ビートニズムである。だがその声は、他者へ開かれようとしながらこもっていく。「けっして嘆きのコードをつかっては歌うな」（「四つの断章からなる季節への試み」）と詩人は自身を鞭打つが、「たたぬたたぬ男根／はやたたぬ男根」（同）のごとく、どの詩も無力感と苛立ちに捉えられている。そこには、路地で歌われたという兄妹心中の盆踊り歌（私は青山真治氏のドキュメンタリー「路地へ」で聞いた）の、呪わしい節回しが影響しているのかもしれない。「たち切られた俺の足」（「故郷を葬る歌」）を引きずるけだるさと切なさ、柔らかなやぶれかぶれ。しかしこの二十四篇で詩人はたしかに何かを歌おうとしている。そう、それらは詩というよりも歌ならぬ歌である。

歌う
そう、まず歌うのがよいだろう

Cの音を基調にして、萎えきった二十六歳
の自殺者を
茨でも
毒うにの棘でも良い
それを鞭にして
死者をうて！

（「No.20」第一連）

ピアフよ、いつもおどろおどろした歌をしかうたうことができないオレのピアフよ、オレは
おまえにちいさな贈り物をしよう。オレのうたを、オレのうたをおまえに贈ろう。みじめな
少女オレのピアフよ。

（「俺のピアフよ」最終連）

詩と歌。それはどう違いどう交錯するのか。のちに『現代小説の方法』で歌について中上は興味深い発言をしている。「だから歌の原型というのは、あるものを訴えるということ、訴えるということは要するに外から来てしまったものが内側にこもり、内側が壊れかかっているから外に吐き出すと。つまり訴える相手が、自然でも人間でも石でも何でもいい。そういう行為が打つという行為であって、同時に歌でもある」。中上にとって「外から来てしまったものが

内側にこも」ったものは、「空虚」＝「うつほ」となる。そして作家の内部に決定的に「うつほ」を開いたのは、十三歳時の兄の自死である。それは不意に「外から来てしまった」。自分の内側は壊れかけてしまった。だから外に吐き出さなければならない。訴える相手は自然でも人間でも石でもいい。この「うつほ」を打ち、響かせ、歌にしなければ自分も生きていけないし、死者も報われない。だがどうしたらいいか。しかし中上にとって詩は「うつほを打つ」ための「歌」ではなかった。初期に詩を選んだのは、むしろ硝子の城としての「うつほ」に、鳥のようにくるまれるためだ。

おまえの
硝子製のタンブラーの、白いひつぎの
悲しさにみちあふれるコーラの、さらさらした
石灰の
ふきこぼれる怒りの、とべない
イカルスの、海にとろけた希望の
僕よ
オマエノ、オマエノオマエノ、オマエノ

僕よ

（「五つの母音からなる季節Ⅰ」全文）

初期の中上にとって詩は静かでくるおしい「白いひつぎ」であり、詩作とは「うつほ」に眠り込もうとする自分を埋葬する行為であった。最後の詩ともいえる作品「故郷を葬る歌」で、詩人は「熊野／くそもじ、みくそもじ」「くだけろ／さけろ／つぶれろ」と舌足らずに故郷を罵倒する。だが罵倒は、傷ついた羽をいたわりつつ詩を書く自分自身へ向けられていた。「やあれ死にいたるうめきをたてるわが故郷よ／俺は夢のような暴力にみたされた朝／おまえを葬る歌をうたう哀れな巡礼者だ」。初期の中上が詩によって葬ったのは、歌＝詩という「無力」なものを携えてさまよう「哀れな巡礼者」としての自分なのだが、その「哀れな」詩人としての自分を棄てたからこそ、後の散文で、「ただ在る」（＝「根源的に在る」）ための詩を、識閾下で模索しえたのである。この逆説を、いずれ膨大な散文と照らし合わせながら考えてみたいと思う。

4

中上健次の実質的な詩作期間は、十八歳（六四年）から二十二歳（六八年）の四年間である。このわずかな期間に、「硝子の城」の中に「詩人」は棄てられ、同時に書くことの「根源」にある「詩」が始まった。ざわめく自然そのもののような散文の、生命の根源における詩が。

作家は詩を最終的にどのようなものとして感受したか。「祈るのは私のする事ではない。私は、書くしかない」（「大島・田子」『紀州』）という作家の言葉は、大きなヒントだ。「書くしかない」のが散文であるならば、詩は祈りと深く関わるものである。そして詩とは沈黙と美しさから成るものだ。「黙り込んだままただ詩をかくのであります」（「季節に関する報告及び反歌」）「せめてこのたびは美しい詩でも書いていたいなあであります」（同）「それでもなんとか美く《ママ》しい詩を書きたいねえ」（「夜」）「俺は美しい詩をかいていようと思う」（「季節への提言及び悲歌」）――。「美しい詩」によって「黙り込む」。その沈黙はたしかに祈りを秘めている。つまり作家にとって詩は、祈りをも含み込み、「吹きこぼれるように」書きたいという願いの実現へ向けて始めた散文の戦いを、根源で支えていく。それは、書きたいという制御できない欲望を、作家自身にも未知な方途で他者へ押し拡げていった識閾下の力である。喩えてみればそれは、路地の原初の姿である泥池の中に咲いたという、夢の蓮の花の力である。

第五章　エクリチュールの共産主義《コミュニズム》のために

何よりもまず、詩人でありたい——詩人としてのシモーヌ・ヴェイユ

哲学者シモーヌ・ヴェイユが、詩人でもあったことはあまり知られていない。これまでに発見されているものとして、九篇の詩（『シモーヌ・ヴェイユ詩集』（小海永二訳・青土社）で読むことができる）がある。多くの詩人とも交流があった。しかしこの哲学者が何よりも詩人であると私が感受するのは、その文体からである。断言のアンソロジーである『重力と恩寵』を読むと、つよく美しい飛躍の文体に、詩的筋力をたしかに感じるのである。

この春、かつて読みさした同書をふたたび繙いた。不思議なことにかつては難解に思え、宗教的な匂いに抵抗感さえ感じた文章に、今度はぐいぐいとまさに詩のように引き寄せられたのである。それは、ヴェイユの意図するところを少しは感じ取れるほど、私なりに「不幸」の体験をいくつか経てきたためかもしれないし、ヴェイユの、「不幸」や「重力」といった独特のキーワードが、決して過去のものとは映らない、今の社会の状況もあるからだろう。

ヴェイユは、現在の世界と日本の社会を根幹から締めつける「不幸」のまさに原型を、すで

に戦間期に体験し感受していた。例えば、当時の「非正規雇用」の実態を描く『工場日記』、組合運動や人民戦線でマルクス主義や政治の限界を痛感し、みずからの魂の問題に立ち戻り思索した『重力と恩寵』や『神を待ち望む』、ドイツ支配下で精神的堕落を呈した祖国フランスに対し、未来のための提言をした『根をもつこと』などは、ベルリンの壁が崩壊しグローバリズムが席巻する今日の世界において、頷くところが余りにも多い（二十一世紀の今そうであることに暗澹とした気持にもなる）。しかしヴェイユは社会批評家ではない。その思想は、ひとりのすぐれた女性の知性と、他者の不幸に鋭敏に反応する感受性の奇跡的なアマルガムなのだ。それに加えて、表現は文学的に凝縮されている。だから読む者は、それぞれの立場や経験、いやむしろ身体において、彼女の思考を反芻する必要がある。

そのようにヴェイユを読むことは「難しい」。その「難しさ」は、この哲学者が書いたものを「文学」や「詩」と名づけ、彼女を「詩人」と呼びたくなるような「何か」である。むしろヴェイユを今そう呼ぶことで、「詩人」の定義はふたたび原義に戻っていくのではないか。か弱き他者のために、か弱き自身をあげて書く、そして言語の総体で他者に同苦する。または、希望を持つことが困難な時代に、ひとり絶望を、言語の次元で深く見つめた果てに、他者のためにひそかな希望を発火させる。そうした「利他性」は、いつの時代も「詩人」の定義の核にあるものではなかったか。

私たちはときに、自分の本当の名前のように、あるいは人間の美しさそのものに感じ入るかのように、ある人々を「詩人」と呼ぶ。実体というよりもこの世の言語の支配を逃れえた、透明な影のような人々を。この世の水際で、「〈わたし〉と言いうる力」（「〈われ〉」『重力と恩寵』田辺保訳、ちくま学芸文庫）を、滅ぼし続ける人々を。詩は、その時一瞬、空虚にかかる飛沫の虹であるだろう。だがいつしか「詩人」に揶揄さえ込められなくなって、久しい。しかし「詩人」は死んでなどいない。例えばシモーヌ・ヴェイユのような生き方をした人物が詩を書いていたという事実は、私たちに無限の励ましを与えるのではないか。同時に無限の責務を甘美に負わせるようにして。

ヴェイユと詩。その意外でもあり必然でもある取り合わせを考察することは、時代に押しつぶされてもなお言葉を信じようとする、詩人という永遠の存在の本質に迫ることでもある。

＊

一九四〇年、パリ陥落と同時にパリを逃れ一家で移住したマルセイユで、ヴェイユが出会った詩人ジャン・トルケルは証言する。

「あの人は何よりもまず、詩人でありたいと望んでいたと思います。あの人は、自分の書いた数篇の詩のためなら、全作品を捨て去ることも惜しいとは思わなかっただろうと信じていま

す」（シモーヌ・ペトルマン『詳伝シモーヌ・ヴェイユⅡ』田辺保訳、勁草書房）

「何よりもまず、詩人でありたいと望んでいた」とは、ヴェイユが身近に思える嬉しい証言である。「自分の書いた数篇の詩のためなら、全作品を捨て去ることも惜しいとは思わなかっただろう」とさえトルケルに思わせたヴェイユは、まさに詩人以外の何者でもない。この証言は、『重力と恩寵』にある「人は自分が捨てるものだけしか、所有しない」（「脱創造」）という逆説につながっている。両者は深く重なり合う。つまり、詩のためなら全作品を捨ててもかまわない、というほどの詩への思いと、人は他者のために自分を捨て去ることで、本当の自己を獲得するという、人間の利他性や善性への確信という二つの純粋な思いは。だが、なぜそれらは重なり合うのか。理由は簡単である。他者のために書かれない詩などありえないから、だ。さらに言えば、他者のために発語されない言葉などありはしないから、である。

詩とは、ヴェイユにとって、（いや本当は誰しもにとって）世界から見すてられ声を上げられない、傷ついた他者のために書かれるものである。本物の詩の言葉は、祈るように他者へと注意をこらし、感じ考え尽くした果てにつかみうる純白の高さから、降るように書かれものなのだ。

「あなたが、ご自分の持っていらっしゃる慰めの源泉について、どうおっしゃろうとも、あなたの得ておられるようなよろこびが、ただ苦痛にもとづくものであることは、わたしにはよくわかっています。そういうよろこびこそが、何にもまして美しいものです。（…）この人たち（注：聖人たち）は、余の多くの人々には知られずにいる地点、苦痛がよろこびであり、よろこびが苦痛であるような地点にまで、自分の魂を高めてゆくすべを知っていました。この地点へはまた、真の詩人たちも登って行きました。まことの詩とは、この地点から降ってくるものです」（『詳伝Ⅱ』）

私には今、聖人と詩人を同一視するヴェイユが、とても新鮮に思える。なぜなら、戦後詩からポストモダニズムにいたるまで、現代詩が、さまざまな次元で詩を模索してきたのはたしかだとしても、その模索は、政治や現代思想やサブカルチャーといった、地上的な「フィクション」の次元にとどまっていると思えるからだ。これまで詩において善や聖性が、むしろ噴飯物としてないがしろにされがちだったこと（それは例えば社会問題を描いた詩に面するとき、評者たちがしばしば見せるシニシズムから察せられる）に、私は不満と不信を覚える。ヴェイユによれば、「フィクションにおいては、善の方が、退屈なものとみえ、悪の方が、興味深く、魅力的と思われる」（同）にすぎないのである。それに対し実在の世界（＝この世を超越した世界）では、価値観は真逆であり、「悪は、うわべだけであるが、善は底知れぬ深さをもっている」（「悪」『重力と恩寵』）のである。「善の底知れぬ深さ」という表現は、私をぞくぞくさせる。神の沼、というイメージも浮かぶ。つまり、こういうことになるだろう。人はどんなにエゴイズムに走ろうと、結局は「善の底知れぬ深さ」に足を取られてしまうのだ。どんな人間も、本当はそのように清らかにか弱い。人間の中には、「十字架」が抜きがたく存在しているから。そのために悲惨や不幸がきわまるのだとしても。

　晩年のヴェイユが宗教性を濃く打ち出すのは、戦間期という時代の闇に絶望したからである。戦争や貧しさという人間を押しつぶす力に、人はもう抗うことはできないから、逃げずにそれを受け入れ、その力を理解するしかない、だから私は生涯をかけ悲惨を理解し尽くしたい——そのような積極的なペシミズムがヴェイユの哲学の根幹にある。それは、ぎりぎり最後の一点まで耐え抜き、「苦痛」が「よろこび」へと転じる奇跡を待つ姿勢である。人間がみじめに死んでいくのはどうしようもない、とヴェイユは深く諦めた。他方で、滅びゆく人間という神の似姿の中には「十字架」が潜在している、今は破壊されているようにみえても、それは必ず蘇るはずだ、とかたく信じてもいた。片方をペシミズムによって途方もなく引き下げられ、（だからこそ）もう片方を、希望によって途方もなく引き上げられていく「天秤」のように。引き裂かれる人の姿の「十字架」として。詩は、そのような人間存在の強烈な矛盾からこそ生まれるのだ、とヴェイユは考えたに違いない。

　引き裂かれた天秤、十字架。しかしその悲惨な形は、現代という時代において、言葉という次元にとどまり続けながら、詩というひとすじの聖なる方位を信じ、誠実に生き抜こうとする詩人の魂の裸形であるだろう。「神は引き裂かれている。わたしたちが、神の十字架刑である」（「十字架」『重力と恩寵』）という言葉があるが、それに倣って「詩は引き裂かれている。わたしたち詩人が、詩の十字架刑である」と言ってみてもよい。すると今私たちの詩を引き裂くものは何だろうか？　恐らくそれは、この時代の苦悩のただ中に身を置き詩を書くことで他者へ向かおうする時に初めて、身の内から分かる亀裂であるに違いない。

＊

　詩を書き始めた頃（一九二六年前後）、ヴェイユはアンリ四世校で哲学者アランに師事していた。ペトルマン『詳伝Ⅰ』（杉山毅訳、勁草書房）によれば、アランは少女ヴェイユに「書くこと」の意欲をかき立てた重要な師だった。「立派に書くことを学ぶことは、よく考えることを学ぶことだ」と確信していたこの哲学者は、哲学のクラスで生徒に小論文や自由作文《エッセー》を課した。ヴェイユはこの自由作文をよく提出していたという。例えば最も古い時期に書かれたものとして、「グリムにおける六羽の白鳥の物語」を主題とするエッセイがある。これは、後年の思想の萌芽としても興味深いが、今それを書き手の意図を越えて、詩人の「非行為」を讃えるために書かれたものとして、読むこともできるのではないか。

「グリム」のあらましはこうだ。ひとりの妹が、白鳥に変えられた兄たちを救うために、六年間黙ってアネモネの花からシャツを編み続ける（柔らかなアネモネから編むのはほとんど不可能である）。やがて妹は、アネモネのシャツを兄たちに投げる。すると兄たちは人間に戻り、妹もふたたび喋ることができるようになる――。この妹のけなげで困難な行動について、「この難しさのゆえに、六年の沈黙の純粋さを損ういかなる他の行動も入りこむ余地がないのだ。この世における唯一の力は純粋さである」と少女ヴェイユは看破している。また、「無辜の女性の苦悩は、それ自体によってあがないの働きをするのだ」とも。つまりグリム童話の妹の行為は、まさに詩人の行為を象徴するものではないか。詩人は、詩という「無辜な苦悩」あるいは「非行為」を通し、この世の悲惨を「あがなう」存在ではないか。不器用な少女の指で、愛する他者のために柔らかな花弁から糸を紡ぎ続けるイメージは、まさに詩を書くという「非行為」を思い起こさせる。

なお聖書では、救いや許しを意味する「あがない」の原義は、弁済を意味する「つぐない」である。

「ですが、破壊の堆積が恐ろしいものであればある程、作品を書くということがますます大切になりますし、作品を書こうという思いが、愛をもたらしてくれます。時々刻々、死者の山が築かれているこの時代に、何かを作り出すということ（あるいは、そのための準備をするということ）は、なんというつぐないのわざになることでしょう。それだけしか、なすべきことはないのです。でなければ、おのれ自身が死ぬか。でも、死ぬことは、自発的になしうることではありません」(『評伝Ⅱ』、傍点筆者)

この一節が書かれた手紙は、四一年ペトルマンに送られた。だがペトルマンはパリへ向かう汽車の中で、ドイツ兵を恐れて一部を破棄してしまう。そのような経緯でこのような一節が残されたのは、象徴的でもあり皮肉でもある。ヴェイユは当時「破壊の堆積」を十二分に目の当たりにしていた(三六年には義勇兵として動乱下のスペインに潜入し、この時点では無防備都市となったパリを離れたばかりだった)。戦争という人間の最大の悪が必然である、と知ってしまった今、「作品を書こうという思い」だけが、「愛」、つまり失われかけていた人間らしさと利他性を思い出させてくれるものとなったのだ。「作品を書く」ことだけが、できうることであり、なすべきことなのである。

この考察の中で最も印象的なのは、「死者の山が築かれているこの時代に、何かを作り出すということ(あるいは、そのための準備をするということ)は、なんというつぐないのわざになることでしょう」という部分だ。詩人が今この時に書く詩が、今この時に死にゆく人々の死をつぐない、あがなうという逆転の発想。それは、ひどく感動的ではないか。詩は、今死にゆく子供のために何もできないのではない。そうではなく、現実には何もできない詩は、誠実な非行為であれば、日々の無数の死者の死を「つぐない」「あがなう」ものでありうるのだ。他者のために沈黙して上着を編み続けた妹のように。このヴェイユの「逆説」に、私はおおいに賛意を表したい。今ここで詩人がよき詩を産出することで、遙かな地で仆れた人々の死がつぐなわれ、あがなわれる――それは、まるで詩のような希望だから。「ものを書くのは、赤ん坊を産むようなものだ」（「注意と意志」『重力と恩寵』）というアフォリズムも思い合わせれば、詩を書くこととは、この死に満ちあふれる世界の片隅で、無数の死者をあがなうほどの清らかな赤ん坊を生み出すことである。生き死にしたすべての人が語り書き続けてきた言葉の血が、ひそかに脈打つ新鮮な光のような生を、アネモネの産着に包んで差し出すことである。

　ヴェイユを失って久しい真闇の今も（あるいはさらに）、詩人とは、他者のために詩を書き続けることを、黙って引き受けなければならない、すべての他者の妹のことである。言葉を持つ者、言葉しか持たない詩人が、なすべきこと、なしうることは、恐らくその純粋な非行為だけだ――そのように思い切るのは、それほどまでにこの世に絶望しているからか？　いや、むしろこの世にあることの真の喜びをもたらす希望は、そのように思い切ることから始まるのである。

＊

冒頭で触れた『詩集』には少女期から晩年にかけての九篇が収められる。全作にわたり、

「詩人」の一貫した生の態度と、その時々の思想の深まりが、並々ならぬ構成力を通して反映している。十六歳の頃書いた「金持の若い娘に」には、「ある一日、そしてお前は　疲れた輪舞の中でひとりの幽霊となり／世界の牢獄にとらえられることなく／腹にある飢えに駆り立てられて　いつまでも走り続けることだろう」という一節がある。この一節は恐らく、詩人として生きようとする自身へのエールである。「ひとりの幽霊」とは、真実の世界からの光だけでなく、この地上で苦悩するあらゆる他者の痛みが、心身に宇宙線のように透過し続ける詩人ヴェイユの、終生変わらぬ姿だ。詩への使命感と欲望（使命感と欲望が重なるのが本物の詩人だ）と、他者に向かう「飢え」。それらに駆り立てられ、「世界の牢獄にとらえられることなく」「走り続ける」少女、ヴェイユ。十六歳の彼女は、「ひとりの幽霊」という非行為者の姿でなければ、逃れられないほどこの世の重力はきつい、とすでに知っている。不幸や貧しさが、もうとめどなくどしゃぶりの雨のように降り続いている、だから詩がすべてなのだ、他者のために精一杯出来ることは、詩を書くことだけなのだ、と。ヴェイユはそう痛感したから、「まず何よりも、詩人でありたい」と願い続けたのだ。

三七年つまり二十七歳頃に書かれた「プロメテ」は、ヴァレリーにも高く評価された。その前の作品である「稲妻」（二九年）から大分間が空いている。小海氏のあとがきによれば、「その中断期間は、彼女が最も熱烈に政治的な活動に参加した時期にほぼ見合う」という。さらに、三七年という年が、詩人ヴェイユにとって精神的にも大きな転機であったことに注目したい。小海氏によれば、同年は「彼女が一九三六年の夏にスペイン市民戦争に参加し、負傷して帰国した後、イタリアに旅行してキリストの臨在を体験する年にあたる」。さらに、「この年の夏、聖フランチェスコの故郷、アッシジの町で祈った彼女は、この町から出したある友人への手紙の中で、『若い時から、いろんな理由があって、わざと押しころしてきた詩への使命感がよみがえるのを感じた』と書いている」という。「わざと押しころしてきた詩への使命感」の蘇生を、ひそかに友人に打ち明けた後に「プロメテ」は書かれたのである。

創造者であり、破壊者でもある火よ、芸術家である焔よ！
火よ、夕空の微光を受け継ぐ者よ！
曙《あけぼの》の光が　あまりにも悲しい夕暮の只中に昇る。
優しい暖炉は人々の手を結び合わせた。
畑が焼き払われたやぶに代って場を占めた。
固い金属が　どろどろの溶解物の流れ口からほとばしり、
赫熱した鉄が　ハンマーに打たれて　曲がり　しなう。
屋根の下の一つのあかりが　魂を豊かに満たす。

パンは焔の中で果実のように熟れる。
プロメテは何とお前たちを愛してくれたことか、こんなにも美しい贈り物をするために！

（第二連）

「彼女は、この詩を書くことで、人類に火を与えたために怒ったゼウスによって岩山につながれ、鷲にその肝を食われたプロメテウスに、いわばキリストの受難の姿を見、そこにまた、自らの未来の運命、受苦による他者への献身の夢、を見ようとしたのではなかったろうか」と小海氏は書く（「シモーヌ・ヴェイユの詩について」）。つまりプロメテとは、ヴェイユの考える詩人の姿と、自分自身の魂の裸形を象徴する存在なのだ。それはまた人間に火をもたらした神である。そして「破壊者」であり「芸術家」でもある火は、暖炉や畑や金属やあかりやパンという贈り物をすることによって、共生や創造に結びつく魂の豊かさを育くむのだ。火による存在の変化は、不幸や貧しさからこそ糧と希望を生む、不思議な天秤の傾きを象徴する。あるいは悪から善、真空から実在への、恩寵による変化を意味するともいえる。祈りによって葡萄酒がキリストの血と化すように、詩を書く過程で言葉には、忘れていた聖なるいのちがおのずと吹き込まれるのだ。だが詩は宗教的現象ではない。それは、初めて火を焚くような、つねに原初的な人間の（非）行為である。

詩人とは誰か。それは、火を初めて使う人のように、言葉を使う人。人をつなげ、魂のゆたかさを生むために、言葉を使う人。今ここに生きる者たちの不幸を燃やし、より気高い次元で艶やかな果実のように、意味と響きを輝かせる人。詩を書かない者に代わって、みずからの身を焼くようにして、愛の中ですべての言葉を焼き直してくれる人。誰しものプロメテとして、半透明な裸形で走り続ける人。そして、おびただしい死から唯一の生を生みだす人――。

＊

生誕百年を越えて、ヴェイユというプロメテは、いまだ岩山で「むなしくのたうつ」。風に吹き散らされたその「うめき」に、耳を澄ませよう。私たちの中に忘れていた「詩人」はまだ蘇ることができるのだ。

私たちの今日の詩のために――ブランショ「再読」

今、後期ブランショの作品が次々と翻訳されている。『問われる知識人』（安原伸一朗訳）、『ブランショ政治論集』（安原伸一朗・西山雄二・郷原佳以訳、ともに月曜社）、そして「終わりなき対話」（上田和彦訳）のゲラを読んだ。かつては『文学空間』（粟津則雄・出口裕弘訳、現代思潮社）などを読んだが、二十年ぶりで同書を繙くとところどころ書き込みがある。「書くこと＝終わりなきものをみいだすことにより、主体、客体はその相互関係を失う。私が誰でもない者になれば他者も関係から脱する」。八分八厘？意味は分かっていないが、すれすれに分かったような気がした瞬間に書き付けたのだろう。エクリチュールとは非人称のもの、私も他者も誰でもなくなる白い闇のような空間、そう謎のように漠然と思ってきた。

しかし二十年という歳月は一つの歴史である。私もまた詩を書き続けることで、私なりに自己と他者の関係について思いをめぐらせてきたらしい。ふたたび『文学空間』を繙きながら上記三作を読み、（こまかな論理や表現のニュアンスは分からなくても）ブランショの主張を大きくは外れずに受け止められたようにも思う。ブランショは文学という繊細な次元でいかに政治や社会と関われるかを考え続けている。その困難な思考において、私たちを他者へと向かうように励ましている。その励ましを、私も一人の遙かな他者として聴き届けた。

ブランショは、「他者とは誰か」を長い生涯をかけて問い続け、他者との出会いを模索し続けた真の知識人である。今回この文学者が、深く文学的であるのと同じ次元で、深く政治的だったことを知り、言い知れない感動をおぼえた。彼はアルジェリア戦争や五月革命の際、知識人を一致団結させようとしてみずから積極的に行動していた。あの『文学空間』の非人称のブランショが？　いやあのブランショだから、だ。あのブランショだから――その「逆説」を詩を書く者たちも今それぞれに考えていく必要がある。詩は政治や社会とは無縁であり、何もできはしないと諦めていた魂を、揺さぶろう。

一九五五年の「(注：作品は)消え去るもののかけがえのない輝き、それを通してすべてが消え去る輝きでなければならぬ」(「文学空間の接近」『文学空間』)という稲妻のごとき詩への憧憬は、六八年の、「何しろ五月は、一瞬の閃光でいっさいを、天地を分割するあの痕跡だけを残しながら、自らの不可能性そのものと化してしまったのだ」(「学生‐作家行動委員会そして『コミテ誌』」『ブランショ政治論集』)という、革命を目の当たりにした興奮と何の違いもない。「すべて」を変革できるという同じ希望への、同じ胸の高なりがそこにある。私もまたスタティックなものとして読み過ごした非人称の「エクリチュール」つまり「文学空間」とは、じつは自己を中断し、深く他者へ開かれていこう、という文学への熱い呼びかけだったのであり、「誰もが匿名の『ひと』と化すような公共の場」(「第二部訳者解題」同)、つまりビラ、ステッカー、パンフレットが語り続ける街路と地続きなのだった。

あくまでも文学者として、文学に固有の力を信じ、文学の力を通して政治のレベルにおいても「明かしえぬ共同体」のありかを探ったブランショ。『ブランショ政治論集』では、文学になしうるすべてのことが、ぎりぎりの論理で、魅惑的な「肉声」で考察される。文学者は一人一人ではよるべない。だから志を一つにし匿名の者として集おう。そのとき言葉は必ず変わる。それは私有化されず開かれ、みずからの内に声なき他者たちの声を響かせ、さらに遥かな声なき他者たちへの隘路をたしかに開く――声はそうつよく密やかに語り続ける。

テクストは匿名となるだろう。匿名性というものはただ単に、筆者の書いたものに対する所有権を取り去るのでも、書かれたものを筆者自身(彼の来歴、彼の人格、彼の特殊性と結びついた気配)から解放することによってこれを非人称なものにするのでさえなくて、集団的ないしは複数的な言葉、つまりエクリチュールの共産主義《コミュニズム》を構成することを目的とする。

(「〔考えられるいくつかの特徴〕」同)

「エクリチュールの共産主義《コミュニズム》」！　「エクリチュール」という何も出来ないと軽視されるものが、共産主義を実践する主体となる。この断言が、今この国で詩を書く者たちを巻き込んでいくならば――。詩を書く者ならば知っているはずだ。詩を書くという孤独な行いが、じつは途方もない他者への希望と欲望に支えられていることを。詩を書こうとすることが、自他のすべてを感じたい、自他の関係すべてを更新したいという、まさに真の意味での「共産主義」と深く縁する根源的な衝動だということを。

後期ブランショを読むという「経験」は、今つよく要請されていると思う。ブランショに倣っていえば、言葉自身が持つ正義によって。さらにブランショに励まされていえば、今日私が書き付ける言葉の中で実感する危機において。危機とは何か。端的にそれは、世界とこの国でとめどなく他者の尊厳が軽視されている、という事実であり、それを隠しきれないまま傍観する薄い日常の空気を、詩さえやすやすと吸い込んでしまっている、というあってはならない事態である。そうした事態が深くはアウシュヴィッツという「区切り」からもたらされた（あるいはアウシュヴィッツという「区切り」をもたらした）のは自明だろう。だが私の中でブランショは叱咤する。詩には本来いきいきとした「拒絶」の力があるじゃないか！　他者を支配しようとする主のない欲望の拡がる「時間」を絶つ力が！　この現在という白紙において、言葉という次元から他者の尊厳を立ち上がらせよう！

晩年大切な友人への追悼にブランショは書く。「私たちはこの空虚と共に生きることを学ばなければならない。私たちは虚無にいたるまで、充溢を維持することになるだろう」（「主の見守る夜のなかで」同）。八十代半ばの空虚を見張る瞳孔の闇は、今こそ無限に広がり出している。「虚無にいたるまであなたに生きてもらう私の権利なのだ」という究極の追悼辞は、死者のみにではなく、遙かな他者としての私たちに厳粛にも要請する。この世界の「虚無にいたるまで」生きることを。他者と共にあることを。

ブランショを「再読」しよう。他者をめぐる「不可能なものに直面して可能性を引き出す思考」（「第二部訳者解題」同）の誠実な軌跡を追っていこう。言葉の力という希望の次元で、他者と共にあることを考える、というかけがえのない「経験」をするために。私たちの今日の詩のために。

「現代詩システム」を食い破るバブル・身体性・大文字の他者

――八〇年代投稿欄再見

今回の特集をきっかけに、四半世紀振りに八〇年代の本誌投稿欄を再び目にすることができた。できた、というのは、今まで心理的にできなかったということをも意味する。私自身は八五年に現代詩手帖賞を受賞したが、その後当時の投稿欄を全く読み返すことがなかった。どんな作品を書いたのか。なぜあんなに毎月投稿を続けたのか。思い出そうとすれば、パンドラの箱を開ける気分におそわれた。ひどいいたたまれなさと恥ずかしさがあった。それは恐らく、それだけやみくもに全身で詩を書いていたという記憶があるからだ。今回指の隙間からこわごわと覗いた。するとそこには意外にも、認められたいと我欲に駆られているというより、現代詩という次元に辿りつこうと、必死でつま先立っている一投稿者《わたし》がいた。数々の詩句が、当時の光や影、忘れられた時代の空気も伝えてきて、思いがけなく胸を衝かれた。会ったこともないのにひどく懐かしい人々の名と作品が、ふたたび心をかき乱した。投稿者《わたしたち》は、そこで今も不思議に生きている。透明な身体にひたすら言葉の汗をかきながら。現代詩が何なのか分からないいまま、それが約束してくれていると思えた絶対的な自由に、た。投稿者《わたしたち》はただ全身で憧れていた。それはきわめて私的な行為であったが、今総じてふり返ってみると、時代的な現象という側面がたしかにそこにはある。

現代詩とは、時代によってうつろう「現代性」と、言語を持つ人間が普遍的にもとめてやまない「詩性」との、自由への憧れを触媒とするアマルガムだといえよう。つまりそれは「現代性」がもたらすと思われる自由が、「詩性」の自由を実現する契機となるかどうかを試みるジャンルではないか。だが形式も価値基準も非決定である現代詩は、ともすれば自由とは真逆に、いつしか不可視の「システム」ともなり、書き手の欲望をからめとり抑圧する。「現代詩システム」。それは、このように書けば、考えれば、あるいは反撥すれば今この時に言葉は「現代詩らしく」なるといった、いつからか（戦後詩から？　あるいは「修辞的現在」から？　あるいは経済のシステムに支配された未来から？）、不可視の規制として詩を書こうとする身体をうっすらと覆い出したシステムを指す。それは今空気のように席巻していないか。詩であるというそのことで、言葉にはむしろ未知の規制がかかり、現代詩に現代詩を継ぎ足すように書かれているように見えることさえある。他者を求めるために、あるいは自分を壊すために詩を書くのではなく、むしろ自分を護るために書いている。身の内からの他者への欲望、あふれる思いは「ＫＹ」であり、生きる喜びと詩を書く喜びが分断されている。資本主義は今その生存のためにますますシステム化を加速しているが、その欲動は、確実に詩をも巻き込んでいる。だから今現代詩に他者への欲望を新たに触発することこそが、システムに突破口をひらくのだと思う。他者を欲望しなければ、みずからも他者として欲望されることはない。孤立化＝システム化は必然である。

八〇年代の投稿欄はどうか。今見れば、そこにある言葉はすでに初期から、過去と未来からの「現代詩システム」の被膜に覆われかけており、意識的無意識的にくるしんでいるようである。しかし未熟で不安な投稿者の身体的な言葉は、多くは意図せざる方法で、自身にうっすらと凍り付き出したシステムを食い破ろうとしている。私もまたあの頃、若い身体の力によって、自分をがんじがらめにする言葉とたたかっていたと思う。時代そのものがよくも悪しくも全身で自由を欲望した時代に、何も失うもののない投稿者たちが、全身で現代詩という他者を欲望したのである。投稿詩にはシステム以前の実体がさらけ出されている。知にからめとられない感受性全開の詩、あられもない性的描写、生々しい胎児や血やゴミ、家族や幼児期への執着、直喩やリフレインやオノマトペ、物語性、土俗性、差別語、在日の実存主義、生きることの罪悪感、ニューミュージックまがいの恋愛詩、六〇年代への憧れ、陶酔感覚（自己陶酔というより他者陶酔、事物陶酔）、詩語への依存、コピーめいた軽妙さ。多くは荒削りでぎこちない詩だが、そこからは、資本主義のブルドーザーがめくり続ける地面の、悲しく湿った匂いがする。孤独な幼子のように、言葉のなけなしの全身をふるわせ、自由を見出そうといっしんに書いた投稿者《わたしたち》。どんな暗い詩であっても、いや暗いからこそ快楽は深い（だがそこに死の意識はなく生の欲望がみちみちている）。例えば鳥や虫や果物や花の実感を、陶酔しつつ言葉へ写し取った（事物の素朴な名のタイトルが多い）。あるいは手紙のスタンスで「あなた」と呼びかけた。書きたいものが分かっていた訳ではない。ひたすら書き続けることで、書かずにはいられないものを見出そうとしたのだ。そのような熱い空虚《うつほ》がたしかにそこにあった。「なんにもないから書くんさ」（吉本隆明）という「詩的バブル」の始まりである。

各年度の投稿欄は、各選者の詩への思いと、かれらがそれぞれに警戒する「現代詩システム」への距離の取り方によって、微妙に固有な情景を呈している。また投稿者側にもおのずと、選者の作風が映り込んでいるのが興味深い。当時選者とは、若い投稿者たちにとって最初の厳しい読者であり、師であり、いわば大文字の他者（自分を変化させる抽象的絶対的他者）でさえあった。今ではブログや同人誌で、すぐに小文字の他者（友人など自分を変化させない自分と同次元の他者）の感想や反応を得られるのとは対照的だ。一、二ヶ月先まで、自分の作品が詩として承認されたかどうか分からない空白期を耐えしのばなければ（?）ならなかった。不思議なことに今でも私は、自分の詩が、まだ見ぬ他者に、見てほしい、読んでほしいと呼びかけているのを感じる。それは誰か。いまだあの時の選者＝他者への欲望に、私の詩的無意識はとらわれているのか。そうかもしれない。当時選者たちはニュアンスの違いはあれ、みな詩という実在への確信からアドバイスをくれた。詩にこそ本物の自由があることを、叱咤と共に教えてくれた。投稿者《わかものたち》は選者という大文字の他者《おとなたち》のまなざしを通し、詩を書くことの価値を初めて学んだ。生きるための核として。

「まず、この痛みの現場に立ちかえること。ほんとうに大切なのは、そのことだけである」（宗左近・79）「詩は真実在である。この真実在に動かされた結果、人は詩の写しである『詩』を書く。詩に無限に近づこうとする意志を持つとき、『詩』は読む者を動かす」（高橋睦郎・80）「この一篇に賭ける、という気炎が必ず抱かれていて欲しいものだ」（青木はるみ・81）「切れば血の出る身体を持っているのに、せめて孤独に書きつづるときくらいは、〝自由〟の感覚を発揮しなさいよと、ついいらだってしまう」（清水哲男・82）「言葉がしぜんに伸びてゆく植物的な成長を、詩の中でなら、信仰のように信じてもいいのだ」（藤井貞和・83）「上質の詩と出会えば、諸君は変わるね。書くものが。ただし、世評や、人の解説、出版社の宣伝、どれも当てにするな、自分でさがせ」（中江俊夫・83）「とにかく書く者はその書くことばになり切って行く以外にはない。ことばになり切る仕方は書く者ひとりひとりが違った仕方を考え出さなくてはならない」（鈴木志郎康・84）「要は、自分の作品が、いかに下手糞であるかということを自覚しつつ、その自覚の口惜しさを噛みしめて選者の眼前に作品を勝負師のように突きつけてみることだ」（清水昶・84）「うまいより凄い詩を読みたい」（北村太郎・84）「自分以上の読者を狙うこと、ガキとアマチュアを相手にしていては、進歩はありません」（長谷川龍生・85）「私は書くときもそうだが、詩を読むときにもこうした、ある感覚を引き出されることを願っている部分がある」（井坂洋子・85）「自分自身を詩の方向へ突き動かしている部分に眼を向けていくと、その底には大変複雑怪奇で獰猛なものがあるように思います」（佐々木幹郎・86）「人間は生きているんだから、そして生きてるってことはどんどん変って行くことなんだから、その証となる『詩作品』も変化して行かなければおかしいではないか」（鈴木志郎康・87）「予想出来ないほどの事物の深さまで降りてゆき、胎児の目から死者の目まで、言葉を紡ぎたいものだ」（阿部岩夫・87）「自分は素材かもしれないけれど、その素材を凝視めて、自分を解体して、作品の中に再構成するということをやらなければ駄目だと思うんです」（藤井貞和・87）――。

（注：例えば「79」とは一九七九年六月から八〇年五月までの担当期間を表す。）

以上は、システムに抗う八〇年代の投稿欄の「身体」の肉声ともいえよう。ではこの年代に固有に進行したシステム化は、投稿欄の「身体性」にどのように影を落とし始めたか。例えば私がその始まりだと感じるのは、「多分、この作品の『詩性』の根は、これが詩であるかないかが必ずしも分明ではないというそのことの上に置かれている」（岩成達也・82）や、「どう書いてもよく、何を書いてもよいばかりでなく、どう書かなくてもよく、何を書かなくてもよい。

それは現代詩の自由」「現代詩は微妙な虚構だ。（中略）現代詩はほんとうに書き手の自己表現なのであろうか」（藤井貞和・83）という発言の辺りだ。岩成氏の言葉は、詩の言葉の可能性を拡げるという意味で語られている。しかし今では、詩と詩でないものの不分明こそが詩であるというスタンスには、むしろ詩の自己正当化とその結果としての自閉化につながる側面こそを見てしまう。藤井氏の「どう書かなくてもよく、何を書かなくてもよい」という、当時は詩の自由を押し拡げるための発言も、今や、システム的な事前規制の承認ともみまごう。「ほんとうに書き手の自己表現なのだろうか」という疑念も同じだ。もっと大きな、自己を超えたものによって書かせられている、という当時の文脈も、現在の状況に置いてみれば、詩を背後からおそうシステムの影をじわっと呼び寄せる。さらにこれらの発言は、後の「ことばというのはきびしいことに、現象でしかないんだ」（荒川洋治・86）という詩＝現象（テクストあるいはジャーナリズムの次元の現象）というスタンスにつながるようにも見える（これらの発言もすべてシステムと抗い、現代詩の隘路を開こうとしていたのだと信じたい）。なお投稿作品に散文詩が増えてきたことも、現代詩システムの新たな発動の現れのように思える。やがて書く者自身が「ポエム・マシーン」（鈴木志郎康・87）と化すかのように、あるいは未来の方からうごめき出した「現代詩システム」に合一しようとするかのように、詩を書く身体はおのずから欲望を鎮めていく。

八〇年代後半、日本経済にバブルが始まった頃、鮎川信夫が亡くなる(一九八六年十月)。その死の意味について、同年十二月の佐々木幹郎・稲川方人・荒川洋治の討議で語られている。そこでは、詩の今後を、鮎川信夫の欠落を「脱・戦後詩」的に埋める方向に予想しているが、それはまた「現代詩システム」が未来から、まるでそれがすべてであるかのように薄く浅く、そしてそれだけに輝かしいラミネートとして、詩の表層をまるごと被覆していく予感だったのだろうか。

フランシス水車のやうに――『吉本隆明詩全集』から視えてくるもの

今年はこれまであまり読んでいなかった書き手の著作を読んだ。それは、現代詩手帖特装版特集に小論を書くために読んだブランショ、今年出版された『私は花火師です』（中山元訳、ちくま学芸文庫）のミッシェル・フーコー、ひょんな機会から始めた「紀州フィールドワーク」と並行して読み進めた、日本語への挑戦としてのエクリチュールを模索し続けた中上健次、そしてここで取りあげる吉本隆明である。前三者と『吉本隆明詩全集』（思潮社）全七巻は、つよい連関があると思う。魂の地磁気のようなつながりを感じる。

大ざっぱに言えば、四者に共通した魅惑は、脱権力という志向だけでなく、現在に生きる人間の魂の可能性をとらえ尽くしたい、という思いにある。かれらの文体（あるいは翻訳から感受する思考の形）は、今この時に言いうるすべてを言おうと、言葉と他者へ深く身を寄せる。その思想のすべてが分からなくとも、その魂のあり方、傾き方はこちらの魂を共振させるのだ。詩が文体という側面から見られることは少ない。だが私が『詩全集』から感じるのは、自己と他者のありかをまさぐる内奥から、文字の表層に密着するようにしてこちらに届く文体である。そしてすぐれた文体はすぐれた詩の証左でもあるだろう。すぐれた詩は、上から下へ読むのではない。詩の一面に感受性の張力がみなぎり、読む前に一瞬にして「見る」「見させられる」「突きつけられる」のだ。その時詩はすぐれた思想として直感される。この詩人の文体には無駄な余韻や怠惰な空白がない。虚無感や死の意識の影はたしかに射すが、思考の力が言葉をはじき返す。もちろん言葉は光そのものになり切れない。だがせめて影を裏返そう、わずかにでも他者に光として感受されよう、という一貫した意志がある。

物の影はすべてうしろがはに倒れ去る　わたしは知つてゐる　知つてゐる　影は何処へゆくか　たくさんの光をはじいてゐるフランシス水車のやうに影は何処へ自らを持ち運ぶか　わたしはよろめきながら埋れきつた観念のそこを掻きわけて　這ひ出してくる　まさしく影のある処から！

（「影の別離の歌」第一巻所収、「光のうちとそとの歌」第二巻所収にも同表現）

『詩全集』の詩、あるいは詩における思考は、美しい響きと透明なイメージを持つこの「フランシス水車」の永久運動に喩えてみることもできる。永遠に影を裏返し（「うしろがはに倒し）光をはじき続ける魂の水車。「影」とは初期の詩に頻出するイメージだ。無意識、エゴ、孤独、死と虚無の意識といった負の実体を持つそれは、時代と幼年期から絶えず滲んでくる。むしろ詩を書こうとするからこそそれは現れるかのようだ。詩を立ち上げようとする詩人の希望を侵犯するために、どこからか世界の悪意のごとくにじり寄る暗い力。影は裏返されただけでは消えず、つねに発生し堆積していく。「わたしはよろめきながら」そこから「這ひ出してくる」しかない。そして再び光に晒され影を招き、光をはじく。詩はそのような魂の水車として「孤立」し動き続ける。

この詩人において「孤立」と「孤独」は背反する。

そうしてぼくのこころが現在は病弱なのではあるまいかと……最早や同じ仲間を見出すこと
も出来ず　また何ものにも依存することのできない孤立のうちで　それに耐えることに習は
されたこころがつぶやくのである

（「〈日時計〉」第二巻所収）

時々にわたしの孤独がまるで死の影を負つてきては
このうへない暗いものを伝へてゆくけれど
わたしはひとりでそれを耐えることができます

（「〈時間の頌〉」第二巻所収）

孤独は「死の影」を負い、「このうへない暗いものを伝へてゆく」。それは、詩を書く私を支配しようとする暗い権力を持つ。孤独はかよわいものなどではない。むしろ私の根源を奪い取ろうとする死の意識として、詩の最大の敵となる。孤独は幼年期に巣食うトラウマとして根深いが、時代に負けた自分自身のエゴからも生まれる。だが詩とは本来そのような影に抗うものではないか？　吉本隆明の詩と思考と文体を支えるのは、そのような問いかけの力、つまり孤独の侵入に耐える孤立の力である。すぐれた詩人はその力で、「何ものにも依存することのできない」という自負を支えに、「この貧しい一点」（「白日の旅から」）から「自己表出」へ身を傾ける。詩の中で感じ考え尽くしていくために。例えば「フランシス水車のやうに」と賭けのような比喩を記すために。

比喩とはこの詩人が最も大切に思う詩の核である。『言語にとって美とはなにか』第三章では、詩の比喩をめぐり、それこそ比喩を尽くしながら述べられている。

喩は言語をつかっておこなう意識の探索であり、たまたま遠方にあるようにみえる言語が闇のなかからうかんできたり、たまたま近くにあるとおもわれた言語が遠方に訪問したりしながら、言語を意識からおしださせる根源である現実世界にたいして、人間の幻想が生きている仕方ともっともぴったりと適合したとき、探索は目的に当たり、喩として抽出される。

ここで印象深いのは、「人間の幻想が生きている仕方ともっともぴったりと適合したとき」という表現だ。幻想とは何か。それは現実生活で受ける水圧に抗って生まれ、表現という水面を求めて立ちのぼる言い難いかたまり、つまり言語以前の泡である。私たちの無意識からは、そうした幻想の泡が絶えず立ち上っている。つまりここでは、見事な比喩とは、幻想の泡のフラクタルな経路に言語が「ぴったりと」寄り添うことで現れる、と言っているのではないか。別な箇所にも「詩人の現実世界における存在の仕方の根源とぴったりと対応している当たりの感じ」とある。たしかにそうした「ぴったりと」した「当たりの感じ」があって初めて、私たちは詩を書いた、読んだと実感しうるのだ。刻々とうつろう私たちの幻想の動きに「ぴったりと」合うようにして生まれる比喩。それは、詩を書き読む私たちを、この世界から一瞬煌めくように離脱させる。そして言葉にならない思いは泡のごとく解放されていく。『言葉からの触手』(第七巻所収)にも、「新しい概念はまったくちがう。それは実体の動きが不可避の曲線を描き、その曲率が生命の曲率にあっていなければならない。そうなったとき、ひとつの概念が自由の感じにつつまれて誕生する」とあるが、この「新しい概念」も比喩と同義と言えるだろう。

社会の抑圧からの、そしてもっと根源的には、幼少期から無意識の次元で私たちを蝕み続ける「むごたらしい孤独」の暗い権力からの離脱と自由。それを目指して詩人は「魂のプロレタリア」として詩を書き続けてきた。「新しい概念」である比喩を探すために。言語による「意識の探索」に思考と感受性を尽くし、いつか「当たりの感じ」を獲得することを願って。その「当たりの感じ」「自由の感じ」こそが孤独と闘う詩という孤立の誇りを支えるのだ。比喩とは魂がまるごと蘇生する、誰も見ていない詩人の絶対的な勝利点であり、魂の上げうる唯一の歓声、密かな自由の鬨の声である。

『日本語のゆくえ』（光文社）で、吉本隆明は若い詩人たちの詩を「無」であると否定した。今言った次元での比喩の不在を指弾したのである。突きつめればそれは、現在における孤立の難しさと他者の不在を意味するが、表現の次元では自由や離脱の「感じ」がないことを「無」と表現したのだ。

一方、吉本隆明の以下の詩の一節はどうか。

詩は　書くことがいっぱいあるから
書くんじゃない
書くこと　感じること
なんにもないから書くんさ

（「Ⅶ演歌」『記号の森の伝説歌』第六巻所収）

この「なんにもない」は、今言った意味での無とは逆に、「書くんさ」と詩を書かせるための空洞を指し示すように思う。それは、ブランショの言う「消え去るもののかけがえのない輝き、それを通してすべてが消え去る輝き」としての詩、フーコーがディスクールの「花火師」として閉ざされた思考を爆破し、開き続けた魂の可能性のありか、中上が文化と文学と芸能の発生源として想定した「うつほ」という神話の闇と、重なり合う何かである。そのような反重力のトポスで詩は、「フランシス水車のやうに」回り続ける。

私たちが今見出すべきなのは、詩が回り出すための、それぞれの孤立する空洞ではないか？『詩全集』は、大きな連関の中でたった一人で空洞を獲得した詩人の魂の軌跡だ。

私の中から今その声を聴く――アルフォンソ・リンギス『汝の敵を愛せ』

これは、情動という人間が隠し持ついわば動物的な謎の力をめぐって、書かれた書物である。知が、感覚が、魂のうねりに連動して次々と言葉となる。作者リンギスの思考や感覚が、見えない強烈な光彩として頁から匂い立つ。情動という危ない力を、肯定する賭けに出た哲学の書だ。だが賭けのない書物は、社会が死産し続ける紙束に過ぎない。この本はまぎれもなく生きている。このはかない社会に一匹の動物として挑む。闇の中で黒い光をぎらぎらと放っている。「情動」。その、社会に躙り寄るような響きが好きだ。「欲望」が、この消費社会が作り出す幻影（たとえばラカンのいう「対象a」、失われてそこにないことで価値を生むもの）への飢えであり、失われたがゆえに欲望するというタイムラグを孕むとすれば、「情動」は今眼前にあるものが瞬時に触発する、人間の中の動物の目覚めであり、そこから引き起こされる世界の無限のうねりである。それがタイムラグを含まないのは、惹く者、惹かれる者の双方が、世界という動物の熱い一枚の皮膚において永遠に繫がっているからだ。

イースター島のモアイ像へ誘われた文明人リンギスの情動から、本書は身じろぎ出す。「テ・ピト・オ・ヘヌアで私ははっきりと悟った。はかりしれないほど遠方に向けられ、あの石を巨大な彫像へと変えた熱情は、大波のように盛り上がる火山それ自体から引き出されたのだ。あのがらんどうの目は、空の燦然《さんぜん》たる輝きをうつし、唇には風や海の歌が流れ、あの巨大な石の顔やその衣服は、情熱のように熱い溶岩や、不安そうにたえず動きつづける深海の色を湛《たた》えていたのだ」

リンギスがモアイ像から受け止めるのは、造り出した人々の情動であり、さらには、海や風や空の無限のうねりから、人々に映り込んだ世界そのものの情動である。情動とは私有できないものだ。「私有物の壁のなかに閉じこもれば、火山のような、大海のような、極北のような、天体のような感情を持たなくなる」だろう。だが私有から逃れるリンギスの情動的思考は強靱である。「文化は、前進する剣と大砲のきらめきのなかに立ち現れる文明の栄光なのである」という、血の匂いのする文明観を披瀝することもためらわない。私たちが私有の壁を打ち破るためには、外側からの暴力と同じ位の強度で、みずからの内側から剣や大砲をきらめかせる必要があるというのだ。つまり私たちの中の壁を打ち破るのは、私たちに秘められた情動のきらめく暴力なのだ、と。

情動は巨大なモアイ像を作るだけではない。それは、ばらばらに孤立する私たちを世界という熱い皮膚に巻き込み、真に出会わせるうねりなのだ。私たちはわれ知らず情動を放ち、ひと知れずつながっていく。「ハトに餌をやっている老女やそのむき出しの腕や指から、輝く喜びが放たれてくる。そして、その喜びによってこそ、その老女は私たちの目に見えてくるのだ。通りの雑踏のなかを歩いていると、屈辱や悲痛が、趣味のよい普段着のコートを着た中年女性をレリーフのように浮かび上がらせていることがある」。この一節に胸をつかれる。曇り空（恐らく曇り空だろう）をバックに、ハトに餌をやる老女の痩せた腕のシルエット。その輪郭をわずかに光らせて放たれていく情動。あるいはコートの分厚い生地からも揮発する情動。身体は、身体の感情としての情動を放ってこそ、可視化されるのだ。身体という私有空間からハトのように放たれていくのは、誰のものでもない、誰のものともならない情動である。それは何という解放だろうか。

リンギスの語る情動は、この自閉的な社会への最後の、だが決定的な処方箋である。もはや外界にうねる情動に触発されることだけが、人の死につつある情動を目覚めさせるのだ。世界という獣の心臓が、みずからの外部に脈打つことに誰しもが気づけば、社会は変わらざるをえない。感覚も知も内臓を晒すようにひりひりと裏返るはずだ。その「革命」のために動物たちの力がぜひとも必要だ。エリアス・カネッティに「動物から離れてはいけない」というような箴言があったが、私はその意味するところをリンギスから知らされた。「私たちの情動の力は、他の動物の情動の力ではないか」「原初より人間は、他の動物の光彩に自ら接ぎ木することで、エロチックな魅力を手に入れてきた」。そう、私たちはよりエロチックに生きるためには、生き生きとした動物の力を受け身で擬態すればいいのだ。飛び立つハトの喜び、うなる犬の怒り、闘牛の雄牛の勇気、優しいオウムの爪――。「他の動物に向ける熱情においてこそ、私たちはエロティシズムのあらゆる儀式や魔術を学び、情熱的でじらすようなエロティシズムの有り様を学び、儀式ばって引き延ばされるエロティシズムを学ぶのである」。なるほど、人間の生だってエロティシズムである。生とは、動物の情動に、おのれの動物の生を触発される深き変化そのもののことなのだ。しかしそれは何と言う恍惚なのか。

情動は人格を持たない。しかし情動は、人間の顔から最もつよく放たれる。モアイ像の顔であれ、専制君主のそれであれ、隣人のそれであれ、強い情動の磁気を放つブラックホールといえよう。他者から私たちへの古代的な命令が見出される場所である顔。それこそがかろうじて人間の主体でありうるのだ。しかもそれはブラックホールとしての主体である、とリンギスは言う。あるいはそれは「情動という動物たち」の出入り口である。顔という主体をあらわに裏返し、そこにひしめく動物たちを解放せよ、と読む者はリンギスに挑発されるかのようだ。「滑らかな曲線を描き、信号を刻むために空白となっていた頬のなかに、むき出しの敏感な肉欲が浮かび上がる。衣服という堅い外皮の背後から、体内のあらゆる動物が、顔というただひとつの露出面へ向かって移住し、外部の動物とつながる。唇はイルカの唇とつながることを熱望し、鼻はシャム猫のひげの生えた鼻をさっとこすり、頬は夜の森でシダの愛撫を求める」。体内の魂の動物たちは外部の動物たちと、そして動物たちが連れてくる無限の世界に触れたがっていると言うのだ。情動が呼び呼ばれあう、何というエロスだろうか。

しかし見つめれば見つめるほど、他者の顔というブラックホールには、動物の喜びが生そのものにある希望のようにあふれていると分かる。苦悩の顔が暗い光のような真の喜びを滲ませる、一瞬——。「私たちの前にある顔にはいつも、喜びがあるのではないだろうか。苦しみのなかでさえも喜びがあるのではないだろうか。悲しみや苦悩のただなかにおいてこそ、ひとを苦しめ、ひとを悲しませるものの重要性や真実を肯定する力が急激に高まる。力自体を無制限に肯定する力のこの急激な高まりは、喜びである」。悲しんでいた顔がおもむろに光をふり仰ぐ時感じさせる、あの一瞬のカタルシス。あれは悲しみや苦悩を深く肯定する力の顕れだったのか。しかしそれは何という希望か。

だが動物こそは高貴だ、情動こそは美しい——この一書にはリンギスの賛辞が響き渡っている。リンギスは言う。動物の高貴さと美しさは、人知を越えた宗教的なものである。その証拠に、私たちは怒りっぽい雄馬のような、興奮しやすいハヤブサのような、好色なチーターのような人の前に出ると、いわば信徒のように固まってしまうではないか。そうした人々は私たちを理由もなく惹きつけてやまない。「私たちは人間という動物、つまり人間のなかの動物性、さらに言い換えれば、人間が高貴な動物たちと共生するなかで獲得した特長に魅了されるのである」。つまり自然そのものが高貴なのだ。「自然には根本的に美への強い渇望」がある。でなければ、なぜ珊瑚礁の魚や蝶はあのように美しいのか。誰も見はしないのに。かれらは惜しげもなく「自分の生そのものを分け与えて」いる。

私はリンギスが挙げる人間の根源的な美しさ＝尊厳の次のような例に、深く感動する。「もはや何も信じず、誰も信じない売春宿の女将《おかみ》が、仲間がしばしば厄介になるソーシャル・ワーカーもサイコセラピストも持ち合わせないような美しい心や良識を持ちつづけていることがある。その売春宿の女将のなかにあるこの心の健全さを、私たちは愛する」。私の身近にもまた真に美しい人々はいる。例えば根も葉もないバッシングのまなざしを浴びながら、無償化除外反対のビラを毅然として配る朝鮮学校の女子生徒たち。「大変ですね」「いいえ。だって当事者ですから」と笑ってまたビラを配る彼女たちに、私は身の震えるような気高さを感じる。彼女たちには高貴な朝鮮虎の美しさがたしかにある。

情動の根源にあるのは、「強く能動的な感受性」だとリンギスは言う。それは、自分の痛みの中から遥かな他者の痛みを感受しようとする力である。そのような痛みの普遍化の力の象徴として、リンギスは「黒い光」という魂を突き刺すイメージを見出した。「強く能動的な感受性のなかで痛みは黒い光を発し、その黒い光はすべての苦しむ人々に哀《あわ》れみの目を向けさせ、哀れみの手を差し伸べさせる。嘆きや悲しみは、私たちが他者の痛みや死に対して開いていく能動的な道であり、私たちが自分のことを越えて嘆き悲しむとすれば、それは、いつも自分が通る道を越えたその向こうに、他者の嘆きや悲しみに通じる道を切り開くことによってである」。

なぜ「黒い光」であるのかをリンギスは取り立てて説明しない。恐らくそれは宇宙の深淵があげる声そのものの姿だ。宇宙ほど深く痛い思いをしなければ、私たちから「黒い光」は現れない。しかしそれが現れたならば、宇宙の果てまで届く。そのような決定的なイメージを創り出したリンギスは、まさに宇宙の詩人である。「黒い光」はリアリティとの接触から生まれてくる。リアリティとの接触の痛みと喜びからこそ、情動は黒く輝く。「リアリティと接触を保とうとすることは、自分自身を事物の鋭利な抵抗にさらすだけではなく、事物によって苦痛を与えられ消耗させられることでもある。究極の喜びを知り、究極の苦痛を知らない限り、私たちは出来事を知ることなどできない」。

「黒い光」という苦痛と喜び。ある時、ゆえ知らぬ強い情動によって、私たちは自己を崩壊させてまで他者を救おうとする。心の闇の自己愛撫的な吟味を止めて開き切った深淵から、無数の他者の痛みへと黒い光をぎらぎらと放つ。心の闇を裏返す勇気に促されて。

黒い光がこの私の傷から流れる時、私の実存は素晴らしい。しかし黒い光が普遍化を目指すとしても、他者という別な実存の自閉空間を外からこじ開けるのではなく（それは暴力だ）、内側からみずから開かせる力とは何か。他者に自分をも積極的に尊重させ、自己も他者もそれぞれの人格の尊厳を保持しあいながら、共感と変化の地平へ内部を開かせていくものとは何か。リンギスは、それは自分の固有の実存を持っているという自閉的な感覚を、笑い飛ばすそうとする情動だと答える。「私は、かけがえのない置き換え不可能な自分固有の実存に愛着を持っている。しかし、自分固有の実存さえも笑うことができるという確信がもしなければ、私は、はたしてその実存に愛着を持っていると言えるのだろうか」。そう、現在の社会で人々を分断させる、「心の闇」や私だけの悲惨な実存という檻を、内側からうち破ることが出来るのは、笑いという勇気ある情動だけだ。「自分が向かいつつある滑稽なほどに惨めな死のかけがえのなさに、そして、自分という誇るべき無比の実存が向かいつつある醜悪な死体のかけがえのなさに直面するとき、私たちには笑う以外に何ができ、また笑う以外に何をするだろうか」。なるほど、自分の醜悪な死体を想像してみればいい。すると自分の内壁を揺るがす、思いがけないほど明るく屈託ない笑いに襲われるだろう。死体となるべき自分の滑稽さと向き合い、自他共に存在の笑いが引き起こされる。そして蜜蜂がむかう野原のような共感の地平が切り拓かれる――。

だが究極的に笑うその一瞬、言葉はどうなるだろう。現在、例えば排外主義者によって、人と人とを分断する刃のように使われてさえいる言葉は?

リンギスによれば言葉はまず笑いを伝える手段である。言葉には物事を分断する機能もある一方、存在を肯定し、照らし出すポジティヴな機能がある。つまり存在を輝かせる機能だ。そして輝きは分断されたものを貫いていく。「通りすがりの人々や鳥、木々、車、景色の輝きが、言葉のトーンやアクセントのなかで共鳴しているのだ。言葉は内なるペースを整えたり共鳴したりすることによって、けだるく広がる夏の風景の、憂鬱そうに押し黙った中世都市の、垂れこめる夜空の下に広がる砂漠の、輝きを拾い集める」。開かれていく地平の輝きを、蜜蜂の羽が映すように拾い集める言葉のイメージ。それは今詩を書く者に、大きな勇気を与えてくれる。言葉は世界の輝きを伝え、他者を輝かせるものなのだ。そして言葉の主体の私自身も輝いていくのだ。「美しい言葉は言葉が向けられた相手を輝かせ、言葉を発したひとを優雅に見せる」。

しかし他者の輝く言葉は、こちらを変えようとたえず激しく意志している。だが私たちは言葉の意志に傷つけられること、つまり裂け目としてのコミュニケーションを恐れてはならない。「コミュニケーションは将来への配慮をことごとく排除する。コミュニケーションは利害へのいかなる配慮も排除する。それゆえ、起こることや存在するものに直面して苦しむひとすべてに、私たちは惹かれるのだ」。私たちは本当は、他者にただ激しく惹かれ、自分を引き裂かれるコミュニケーションをこそ望んでいるのではないか。「私」という主体は、他者の輝きを求めてやまない情動からつねに生成するものではないか。汝という他者へ、自然という他者へ向かって、「私」は未知の動物のように次々と生まれる。あるいはまた、「ねばならない」という命令に駆り立てられて、「私」が生まれる陣痛が始まる。「自分がしなければならないことに目覚めるとき、私の行為は生まれる。その行為において、私というものが目覚める」。ならば「何か例外的なこと、何か高貴なことのために」しなければならないことを、すべての期待も振り落としながら、今この時に行えばいいだけだ。高貴な動物のとてもシンプルな生き方として。

やがて誰しもの人生に、次第に死体のずっしりとした重さがかけられてくる。私たちは死へ向かっていく。破局はふいにやって来る。しかし私たち思考の動物にとって、破局は突き詰めれば魅惑的に輝いても見える。それは思考自身が秘める野性のためか。動物にとって死とは輝くものだからか。ならばただコンドルのように飛翔すればいいのではないか。「コンドルの飛翔は過去から記憶をともなわず現れ、未来へと期待をもたずに滑りこんでゆく」から。

破滅的な熱情で、聖なるものを求めよ！　リンギスの情動は私たちの情動を挑発する。

まぎれもなく自分の生を生きたという感覚の中で、あるいは課せられた仕事を精一杯成し遂げたという確信を持って、死ねるように。臨終の時に、「深淵への最終ジャンプが喜びとして経験される」ように。最も深い恐怖のさなかに笑えるように。そのような「笑うひと」として死ねるだろうか。「笑うひとは、自分という個人の死を真剣には考えない。労働者は労働者の死を笑い、話し手は話し手の死を笑う。自分という個人の死をものともしないひとは、けっして自分の境界を打ち立てたり、それを拡張しようとしたりはしないし、自分の能力を示そうともしない」「英雄たちの目的や奮闘は、玄関先のポーチにいる人々の笑いが、うす汚い居酒屋にいる人々の笑いが、畑にいる人々の笑いが、金と権力を持つ者たちの馬鹿笑いを越えて聞こえてくるような世界を考え、そのために働くことなのである」――そうだ、笑おう。本物の笑いが勝利するために働こう。リンギスの思考は私たちの実存をいのちの深い底から励ます。

しかも情動という動物は、本当はつねに生を分け与えたがっている、とリンギスは囁く。だから「与えるという行為はいつも、自分の人生を与えたいという情熱をすでに含んでいるのである」。その結果「贈り物は、受け取ったひとの魂を変容させる」。さらに現実との直接的な関わりから、私たちは「思い」を与えられるが、それもまた贈り物である。決して見返りを求めず、誰かが誰かへと伝えようとして残した思いは、いつどこで誰にそれが与えられるかは分からない。巡り巡ってふいにそれを受け取る一瞬、私たちは驚くだろう。「私たち人間のなかに渦巻いていながらこれまで思いもつかなかった高貴さに、誰かのおかげで近づくことのできる超越的な瞬間がある」のだ。私もまた、そのような瞬間を味わうことがしばしばある。誰が私をここまで連れてきたのか。無数の人々が蜜蜂のように関わってもたらされた蜜の味をあじわう、奇跡の瞬間――。しかしその贈り物は、私にとって何の利益にもならない「超越的な贈り物」でもある。なぜなら「贈り物が与えるのは、贈り物を与える能力」だから。しかしそれは何という輝きの中で消え去る贈り物か。

最終的に、私たちが自分自身に命じるのは、「汝の敵を愛せ」だ。この書物の題名でもある命令は、力強く宇宙大に響く。敵とは、孤独な処刑場へ曳かれていくレジスタンス、死刑囚監房の殺人犯や裏切り者のことだ。しかしなぜ彼らは敵か。それは、彼らが私たちの情動が激しく求めてやまない究極的な魅惑の持ち主だからだ。究極の敵として彼らは決してうちひしがれてなどおらず、「この最期の瞬間をばらばらに浮き上がらせたまま、その瞬間のエネルギーを強化し」「光の上に浮き」「空に向かって落下」する「不思議な気分の高揚」をすでに獲得している。「過去も未来も持たない」彼ら。私たちのエロティックな情動を激しくかき立てる敵。私たちの情動の動物を、彼らに向かって解き放つのだ。汝の敵を愛せ。この社会の鉄格子を内側から壊し、世界を裏返す閃光を呼ぶために――。この未曾有の書物は、まるで神の動物のように倒錯を恐れない高らかな笑いで終わる。

汝の敵を愛せ。この書物を貫く情動の声は、私たちにいまだ壊せぬ自分の内壁に触れさせる。それは、他者と宇宙の情動への果てしない情動を目覚めさせる呪文。一度目覚めたならば、迸ってやまない黒い光への祝福の言葉。私もまた、私の中から聴きたい。海のうねりのような世界の声を。

終章　詩は未来の闇に抗えるか

死者にことばをあてがえ——詩人辺見庸のことばが触発するもの

I　大きな喪失感と危機感の中で

震災そして原発被害の深刻化と共に、この国には今、大きな喪失感が拡がっている。この国に生きる人間は、存在を揺るがすような喪失の感情を、意識しているか否かに関わらず、何らかのかたちで確実に共有している。そして生き物としての本能で、つよい危機感を感じ取っているはずだ。あの日目の当たりにした破壊に対する、そして今もなお続く放射能汚染に対する生体反応が、私たちの意識を超え、「集合的無意識」の海を伝播し続けている。一体この事態は、私たちにとっていかなる意味を持つものなのか。

辺見庸氏は、この大きな変動をいちはやく感知し、ことばにした詩人だ。氏は震災直後に書かれた詩とエッセイによって、現在私たちの魂が陥っている危機的状況と、今後向かうべき共同体的、倫理的なあり方を鋭く提示した。そこではまずことばのあり方が問われている。詩がこの瓦礫の中から拾うべきものが、見つめられている。

2 無い根すら奪われて

詩人の故郷は、震災で深刻な被害を被った。TV画面に映った大津波を目の当たりにした時の痛苦を、四月（二〇一一年）にNHKで放映された番組「瓦礫の中からことばを」の中でこう語る。

「失われてみて、その記憶の大きさが自分の中でいかに大事だったか、自分の表現を支えてきた土台に、あの魚臭い町があったということを思い知らされたわけです。堤防があった。海岸で遊ばない日はなかった。いつも耳鳴りのような、幻聴のような潮騒と海鳴りを不思議に思ってきた。僕にとっては、あの荒れ狂った海が世界への入り口だったし、授業中に校舎の窓からも海が見えた。いつか、あの海の向こうに行くんだと、自分で決めていた。私はいつも自分をコスモポリタンだと、根無し草だと思ってきた。僕にはルーツなんか無いものだと思ってきた。記憶の根拠になるものなんて本当は無いものだと思い続けてきたけれど、今度という今度は本当に思い知らされた。慌てている。自分には立つ瀬がないとさえ思うようになっているわけです」

「私はいつも自分をコスモポリタンだと、根無し草だと思ってきた」。これはもちろん、いわゆる遊民意識などではない。「国民」や「日本人」や「市民」といった国家あるいは制度のカテゴリーへの抵抗の表現である。そしてそれら集合的なカテゴリーへの帰属を拒む「例外的かつ極限的な『私』」、あるいは「この私でしかない私」を護ろうとする強い意志の表れである。そのスタンスは詩人として最良のものだ。だが大津波は、そうした立ち位置をさえ「世界」から引き剝がしたのである。

引用部分は、このように「解説」できるだろうか。大津波は「コスモポリタン」を「世界」から引き剝がし、「根無し草」の「無い根」をも引き抜いた。その結果、思いがけず故郷が詩人にふたたび立ち現れたが、しかしそれは無に無を重ねて有となった存在であるのだから、たんなる追憶の故郷ではないし、プルースト的な想起(無意志的記憶)の映像でもない。それは、根源的な生のものである潮の匂いをあふれさせながら、記憶の中から記憶のイメージをむしろ壊すようにして現出した、死と破壊のリアリティをあらわにした故郷なのだ。そこに存在するのは、もはや救いさえも求めずこちらをぼんやり見つめる、ぼろぼろの姿の家族、友人、記憶のエピソードの中の人々である。かれらの気配は、存在の底を壊された詩人の内奥を、小魚たちが廃船を潜り抜けるように貫いていく。無い根すら奪われて徹底的に受動的な詩人の魂を、癒すのではもちろんなく、むしろ食い荒らすようにして。

3 「死者にことばをあてがえ」

辺見氏は『文學界』六月号に詩篇「眼の海――わたしの死者たちに」を発表した。これは震災後一気に書かれた詩群である。ここにあることばは、これまでにこの国で書かれたどんな詩よりも、冷たく悲しく私の胸に浸透してきた気がする。私もまた、みずからの隠された眼からとめどなくあふれ出た海の中にいるのだと感じた。ここにあることばは、名もなき死者たちの一人一人の死のためにかすかにふるえ、永遠に慟哭しようとしている。詩は、死者たちの死にこまかな穴を開けられ、みずから食い荒らされて痛み、悼んでいる。世界が壊れ、歴史や存在の底からあふれてきた水にみずから溺れながら、自分の苦しみを通し死者の苦しみに近付こうとしている。ことばをこの上なく繊細に、そして意志的に、死者に差し向けようとする詩の意志がそこにある。

最も感銘を受けた作品は、前述の番組でも紹介された「死者にことばをあてがえ」である。全文を引用したい。

わたしの死者ひとりびとりの肺に

ことなる　それだけの歌をあてがえ
死者の唇ひとつひとつに
他とことなる　それだけしかないことばを吸わせよ
類化しない　統べない　かれやかのじょのことばを
百年かけて
海とその影から掬《すく》え
砂いっぱいの死者にどうかことばをあてがえ
水いっぱいの死者はそれまでどうか眠りにおちるな
石いっぱいの死者はそれまでどうか語れ
夜ふけの浜辺にあおむいて
わたしの死者よ
どうかひとりでうたえ
浜菊はまだ咲くな
畔唐菜《アゼトウナ》はまだ悼むな
わたしの死者ひとりびとりの肺に
ことなる　それだけのふさわしいことばが

あてがわれるまで

この詩に響くのは、故郷を越えて原郷を喪失し、剝き出しの単独者となった私＝生者が、いまだ剝き出しの骸としてどこかに置き去りのままの死者「ひとりびとり」へ向かい放つ慟哭である。いまだ行方知れない者たちは、「死者・行方不明者」の中に「類化」され「統べ」られ、数千という数として数量化されていく。だがかれらは、あくまでも「ひとりびとり」というあり方で生き、死んでいった。だからかれらは「わたしの死者ひとりびとり」として、生者の「ひとりびとり」によって悼まれなくてはならないはずだ。類化された死者を類化した生者が一方的に儀式として弔うことは、追悼とは真逆の行為である。それは死者の数量化、死者の二度目の抹殺でさえあると言えよう。

この詩の一番の魅惑は、すぐれた命令法だ。「私の死者ひとりびとりの肺に／ことなる　それだけの歌をあてがえ／死者の唇ひとつひとつに／他とことなる　それだけしかないことばを吸わせよ」。ここで詩人は、言葉を持つ存在である人間が、今なすべきことを突き付ける。死者の肺と唇に、歌を、ことばをあてがえ、吸わせよ——このような美しく切ない極限的な命令法こそが今、うちひしがれたひとの胸を真実に打つだろう。ひとを深い底からふたたび生きることへ向き直らせるだろう。さらに言えば、この命令法には、世界を死者を中心とした世界へと変革せよという訴えもこめられている。

しかし死者の肺に「ひとりびとり」の歌をあてがい、「ひとりびとり」のことばを吸わせるなど、生き残って死を恐れる誰に出来るのか。だがそれでもこの実行不可能な命令法は、ひとを無限に慰めるだろう。なぜなら3・11以来ずっと、生き残った者の無意識の水底には、死者の呼び声が聴こえているはずだから。多くの心ある生者は今その声に苦しめられ、死者の影のように生きている。「ひとりびとり」の歌を、ことばを、死者の肺と唇にあてがってやりたい、そして死者をことばの中で安らかに抱きたい――この思いは、今この国で、ことばを持つ存在として責務を負おうとする人間の、現在的かつ根源的な欲望であるはずだ。私たちは、みずから深く抱え込んでしまった悲痛な欲望に耳を澄ませ、誠実に繊細に向き合う必要がある。再び無表情に動き出した「日常」のシステムによって、内なる死者たちを忘れさせられ奪われ、復興や再生や未来を語らされてしまう前に。

さらにこの詩の命令法には、パウル・ツェランの「花を埋葬せよ。そしてその墓に人を添えよ」というアフォリズムとの共鳴も聴き取ることが出来るだろう。私には次のように聞こえる。死者こそはけなげな花である。私たちの無意識の海に揺れ続ける夥しい数の死者の花たちのひとつひとつに、私たちは自分自身の存在の核からことばを捧げなくてはならない。いやひとは存在の核ではむしろ死者にこの生を捧げ尽くしたいと願っているのではないか？　詩とは今、ひとの深くに潜むそのような真実の欲望を、触発するようなことばでなくてはならないのではないか？　そのような根源的な欲望を触発するほどの痛切さと鋭敏さを持ち、死者あるいは他者に意識を繊細に集中したことばが、書かれなくてはならないのではないか――。

4　なぜ3・11を歴史的に見ないのか？

破壊と悲劇の日付は3・11と呼ばれる。それは恐らく9・11に擬せられた表現である。だがそのようなアナロジーに抵抗を感じるひともいるはずだ。その抵抗感には、（震災に限れば）今回の悲劇は天災であり、テロと同一に論じられるのは誤りであり、不謹慎だという気持がある だろう。それはある意味で理解できる。しかし被災の光景にかつての戦争による焼け野原をだぶらせることは間違いだろうか。そうしたアナロジーを「左翼的な」思考パターンにはまったものとして冷笑していいのか。少なくとも私はそのような論調を容認できない。そのような冷笑が行き着く果ては、歴史的、社会的、思想的な奥行きをあらかじめ欠落させ、3・11を素朴な心情表現に閉じ込める「震災詩」への、無批判的な称揚なのだから。

たとえ「左翼的なことば」が画一的観念的であり、今回の事態の実相を描き切れないとしても、それらを時代遅れだとして排除して、一方で「今」のうすっぺらな書き割りしか背景に持たない詩を、より現在的だとして称揚するのは間違いなのだ。

なぜ3・11を歴史的に見ないのか？　犠牲者の多くは、「今」しか見ようとしない非歴史的な経済成長神話の中で、津波の危険があるにもかかわらず無理に開発した住宅地に居住していた人々ではなかったか？　また、原発の起源には、無謀な戦争の結果この国が蒙った原爆という最大の歴史的凶器があるのではないか？　そして今回の原発の過酷事故は、大きな津波や地震を「想定外」と正当化し、歴史の教訓に学ぶ謙虚さを忘れた結果起こったのではないか？　電源喪失対策などを怠っていたのは、金銭のために人の生命の危険を無視し、未来からも過去からも目を背けて、ただ場当たり的に原発マネーの獲得に狂奔した結果ではないか？

もちろん瓦礫の原を見て、安易に無媒介的に「あれは戦後の焼け野原と一緒だ」と断言して終わるのも、間違いである。だが瓦礫の原を「天災によるもの＝自然の力で壊されたもの」であるとして、この国ならではの非歴史的な価値観や感性のまま、それを諦念や悲哀感の演出のための「書き割り」として利用するならば、それは絶対的に間違っているのだ。そのようなスタンスで書かれた「震災詩」はむしろ、今回の震災による犠牲者だけでなく、原爆の犠牲者や戦死者たちをも冒瀆することにならないだろうか。

5　新たな戦いの始まり

今被災地には、その何割もがまだ手の付けられない瓦礫の風景が拡がる。私自身も先日宮城県石巻市の瓦礫の原に立ったが、空襲や原爆による焼け野原とのアナロジーをたしかにこの身に感じた。正確には映画やテレビで見た空襲や原爆投下後の映像とのアナロジーである。無数の映像の記憶が肉感的に、情動的に多重露出されてくる、とでも言うような複雑な既視感を抱いたのである。

それはなぜか似ていた。
爆撃されたサラエヴォ図書館に。
ファン・ゴイティソーロが「記憶殺し」と言った
その場所に。
渚に散乱する記憶。

それはなぜだか似ていた。
ヒロシマの小学校に。
子どもたちがそれぞれの影になって
石や鉄にはりつけられた
そのときの無音に。

（「それは似ていた」冒頭二連）

私もまた石巻で、ここで「それ」といわれる建物のモデルと思われる、被災した小学校を見た。津波だけでなく火事にも襲われ、焼けただれた鬼気迫る校舎は、たしかに残虐な戦場を想起させるものがあった。校舎の前にあるプールに溜まる赤茶けた水は、血さえも連想させた。実際この学校では児童の犠牲者も出ている。その被災の光景は、戦後生まれの私にもそのように戦争の記憶を激しく触発したが、同時に重苦しい無力感ももたらした。それが焼いても焼いても蘇る風景であるだろう、というういつどこで知ったかも判然としない、しかし揺るぎない確信が、悪い汗のように胸に滲み出してきたのである。「大量殺戮の現場」(引用詩はさらにそうアナロジーする)はなぜ必ず立ち戻ってくるのか? それが繰り返し私たちの前に現れるものだとすれば、私たちの文明と歴史には一体何の意味があるのか?

しかし一方で不気味な希望さえ湧いてくる。戦場の「シミュラークル」も、もうこれで終わりなのではないか? あれらの「シミュラークル」さえ私たちから立ち去ったのではないか? なぜならばもうこの国は戦場と化しているから。放射能汚染によって全土が少しずつ、透明な焦土と化しつつあるから。

火や水やα線・β線・γ線が書き割りに殺到し、

幻影はあっさりつきやぶられた。
これからは側のないむき身の現実だけが、
だれも名づけえぬ現象としてあるくという。

（同第五連）

今や破壊の光景に目を凝らし耳を澄ませば、放射性物質の粒子が、アナロジーの幻影にさえ極小の穴を開けているのだ。パチパチと粒子がはぜている。だが幻影が突き破られた果てには何があるのか？　うすっぺらな書き割りとは真逆の底知れない地獄なのか？「むき身の現実」となってもがく人間の無間の苦しみの光景か？

やがて私たちは、放射能や東電や政府という外部よりも、自分自身の内部の不可視の敵と戦うことを強いられるに違いない。それは、偽の「書き割り」を重ねてきた結果、ついに全てを破壊した国家や社会や文明の根源にある、私たち自身の間違った欲望との最終的な戦いである。私たちはその戦いの果てに、死者へのことばを手に入れることができるだろうか？　死者を悼みつつ死者に励まされ、死者と生者がことばを交わし合う、新たな倫理と共同体と歴史性を生みだすことができるだろうか？

6　瓦礫の中からことばを

今、この歴史の果てで詩を書くことは、二万を超える死者たちのひとりびとりのくちびると肺に、ことばをあてがうための無限の努力であるしかない。３・11以前のことばで書かれるならば、詩自身がたちまち瓦礫と化す音を聴かなくてはならない。それでもなお、詩を書く者は瓦礫の中からことばを拾い続けなくてはならない。それは言わばシジフォスの営為である。辺見氏は、震災直後に次のように書いた。「わたしはすでに予感している。非常事態下で正当化されるであろう怪しげなものを。あぶない集団的エモーションのもりあがり。たとえば全体主義。個をおしのけ例外をみとめない狭隘な団結」（「非情無比にして荘厳なもの」）。恐ろしいことにこの予感は的中しつつある。ひとの試練の時が近付いている。詩は未来の闇に抗えるだろうか？「ひとりびとり」の死者と共に、死者のために、「素裸な個として異議をとなえる」（同）未知なことばを生みだすことはできるか？

「声の道」を探している——あとがき

本書は東日本大震災当時書かれたものを中心に編んだ。あれから四年以上が経つ。ゲラを読みながら、社会だけでなく自分もまた、当時の感情からいつしか離れ、傷と痛みの生《なま》の感覚を失っているのを痛感した。そこに綴られた言葉と今の自分の間に、言わば窓ガラスの厚みほどの距離が生まれている。私はもうガラスの内側にはいない。

だが目をこらすと、ガラスの向こうの言葉たちはやがてこちらを見返し始める。当時の感覚が少しずつ身の内に蘇ってくる。崩壊し流動する世界と他者の怒りと悲しみにさらされた皮膚感覚と、立ちすくむしかなかった無力感と重圧感。体の深くから、閃光と雷鳴が蘇り始める。今ここに向かおうとふたたび身を起こす過去の光と音の気配がある。「その時」は私にふたたびやってくるだろうか。

四年間で、社会と人間と自分自身はどのように変わったのか。明らかなのは、今この時が、当時望んでいた未来ではないということだ。もちろん自分の内部も変化したならば、外部の変化を言い当てることは難しいが、少なくともはっきりしているのは、今の変化が、震災の犠牲と引き替えに人の心に芽吹きかけた根源的な変化とは背反するものだということだ。起こるべき、あるいは起こっているはずの変化を、つねに起こらなかったことへと埋め込もうとする、抑圧そのものとしての変化である。真の変化を抑え込まれたフラットな日常を滑るように、原発の再稼働と戦争への準備が着々と進む。

このような望んでもいない「時間の復旧」のさなかで、無力感に絶望し苦悩するしかないのだろうか。だが半永久的に続く原発事故による放射能汚染の問題を、忘却することは出来ないし、許されないだろう。一方この現実の中で記憶を喚起し続けようとすれば、苦しみはますばかりだ。政治の状況が絶望的であるからだけではない。「福島」と「フクシマ」、現実と真実の間にある亀裂が、言葉の内側を無数に走っていくからだ。だが沈黙の彼方では、非業の死者たちと故郷を奪われた被災者たちの慟哭と悲鳴が、今も遙かに吹きすさぶ。その聞こえない声々が3・11という永遠の痛点を世界に刻み続ける。

3・11後、私も私なりに悩んできたのだと思う。居住地の京都でデモに参加しビラを配布した。ある時は首相官邸前で怒れる人々の群れに加わり、ある時は被災地にも足を運んだ。ご多分に洩れず、放射能や地震や被災地の情報を求めてツイッターも始めた。そこで目の当たりにしたのは、ネットに渦巻く、人間へのいとおしみの感情である。未曾有の大震災と多大な犠牲によってようやく取り戻された人間的な感情は、匿名者たちのものであったが、私のものでもあった。しかし現実の日常ではいつしか真実の感情は押し殺されていった。ビラを差し出す手も宙に彷徨いがちになり、デモの声が人の足を止めることも少なくなった。今ネットを介して繋がる言葉と感情だけが、唯一の現在である3・11をかけがえのない風紋として守っているようだ。だが未来への暴風はここでも、時間を繰り返し均そうとしている。

しかし他者の痛みを消すことは出来ない。痛みが他者のものであるかぎり。忘却は自己のものにすぎないのだから。真実の次元では、今もその日が世界の密かな中心であり、時間の重心である。たとえ今後さらに多くの人々が記憶よりも忘却を選ぶとしても。政治や経済が忘却を要請しても。他者への想像力が衰え、誰しもが自己幻想に身を任せるとしても。マスコミが作り出す情報やイメージがやすやすと受け入れられ、世界がみえないガラスをまとうとしても。そして「人間」が砂に水が吸われるように消滅するとしても。

大震災によって引き裂かれた私たちの傷と痛みはどこへ行くのか。何に追われて私たちから出て行こうとしているのか。そしてあの時束の間にも遙かな他者と共に立ち尽くし、その痛みに想像を馳せた私、私たちは、傷と痛みから分かれてどこへ行くというのか。長い旅からようやく私たちの足下に戻ってきた「人間」の影――それだけがこの無影の、明るすぎる闇の世界で旅を続けるのか。私たちは奇跡のように取り戻した「人間」の原形を、不安と絶望のためにふたたびみずから壊してしまうのか。やがて夢の内奥で自分自身と真実をあやめた悲しみの血が、とめどなく拡がり出すのか。

だがたとえ未来がどうあろうと、私は、傷と痛みを抱え続ける影を、詩を通して追いかけていきたい。悲惨な現実の内奥で「人間」の原形がふたたび蘇り、輝き出すための詩が、いつか必ず実現されることを念じながら。

＊

最後にエピソードを記しておきたい。二〇一五年三月十九日、私は広島を訪れた。若い映像作家岩崎孝正さんの新作ドキュメンタリー（タイトル「自然と兆候／4つの詩から」、山形国際ドキュメンタリー映画祭「ともにある Cinema with Us 2015」部門にて上映）に出演するためである。岩崎さんは福島県相馬市生まれ。3・11後は福島を記録する作品を制作し続けている。一四年五月に京都の立命館大学国際平和ミュージアムで行われた韓国の鄭周河《チョンジュハ》さんの写真展「奪われた野にも春は来るか」のオープニングトークで、私は同展に寄せた詩「夏の花」を朗読したが、岩崎さんはこの詩に注目し、新しい映像作品の中でぜひ朗読して欲しいと声をかけてくれたのである。思いがけない申し出だった。

何度か訪れたことのある平和記念公園は、その日も明るく平穏だった。私は一一四行にわたる作品を各所で区切りながら、改修中の原爆ドームや相生橋や平和の灯や慰霊碑の前などで朗読していった。

世界が静かにめくれていく
何者かに剝ぎ取られるのではない
おのずからめくれ上がり裏返るのだ
それは焼亡というより
深淵の夏の開花
季節を超えてしまった下方へ
冷たい暗闇を落ちながらひらく花弁の感覚

「夏の花」の冒頭である。詩は原発事故による世界の破滅を象徴的に描いている。だがその悲惨な内容にもかかわらず、声は、人々のざわめきが混じる春の穏やかな空気に、柔らかに吸われていくようだった。緑ゆたかな平和記念公園には、日常の明るさと穏やかさが一点の隙もなく充ち、原爆ドームは鳥籠の桟のような無数の足場ですっぽり覆われ、巨大な傷と痛みは風化から完全に護られていた。風景と詩は一見まったく無縁であるように思えた（岩崎さんの目には補修中のドームの姿が第一原発に見え、恐ろしかったという)。しかし不思議なことに一語一語発音しながら、私の身の内にいつしか満足感が生まれてきた。声がおのずと言葉につりあっていったのである。巧い下手は別として、終始声と言葉が乖離する瞬間はなかった。意外だったが、それはやはり朗読するその場所の、明るく穏やかな空気の奥深くに、七十年前「人間」をことごとく無化した地獄の記憶が、いまも鏡の裏箔のように不穏に潜んでいたからだと思う。

詩の中の言葉が声を求め、声は言葉に目覚めさせられた。発せられる場所を求めた声は、出口を見つけ、明るく平穏な七十年後の広島の空気に抱きとめられた——。その時放たれた声は、今も私の内部に戻って来ていない。声は通路を探し始めたのだ。新たな言葉と福島/フクシマへ向かう「声の道」(ツェラン)を、今この時も一羽の小さな鳥のように探している。

初出一覧

第一章　パルレシア――震災以後、詩とは何か

「パルレシア……」または命がけの比喩という行為　「現代詩手帖」二〇一一年十二月号
もっと「いのちの表現」を　「東京新聞」二〇一一年七月八日付夕刊
「声の道」を拓くために　「毎日新聞」二〇一一年八月十一日付夕刊
「巨大な海綿状」の虚無とさえ引き合う詩　「朝鮮新報」二〇一三年四月二十九日付
闇の中でなお美しい言葉の虹　「朝鮮新報」二〇一一年七月二十日付

第二章　ここは巨大な孤独だ、事物の果てしないコミューンだ――小詩集

影　「東日本大震災チャリティーコンサート――祈りと希望、心ひとつに」（二〇一一年五月八日、奈良朝鮮初中級学校）
メドゥサ　「思想運動」八七五号（二〇一一年八月）、日本現代詩歌文学館二〇一四年度常設展「未来につなぐ想い」出品作品
石巻（一）　ブログ「詩空間」二〇一一年九月八日
石巻（二）　ブログ「詩空間」二〇一一年十月二十六日

第三章　鈍銀色の沈黙に沈んでいる——追悼文集

虹と風になった詩人　「現代詩手帖」二〇一四年四月号
言葉に差別を刺す鋭さを与えよ　「現代詩手帖」二〇一四年二月号
鈍銀色の沈黙に沈んでいる　「現代詩手帖」二〇一二年三月号
牟礼慶子さんという場所　「現代詩手帖」二〇一四年四月号
詩を書くという行為を受け継ぐ　「現代詩手帖」二〇一二年五月号

第四章　アンガジェせよ、と誘う他者たちのほうへ

天の青の記憶とともに降りてきた問いかけ　「現代詩手帖」二〇一二年十月号
本当の声が呼び交わしあうために　「現代詩手帖」二〇〇九年六月号
「向き合い」の結実　「現代詩手帖」二〇〇八年三月号
遥かな時の海を越えて　「現代詩手帖」二〇一〇年三月号
バラあるいは魂の根づきのための戦い　「現代詩手帖」二〇〇九年五月号
魂のグローバリズムの岸辺に　「現代詩手帖」二〇〇七年十二月号
アンガジェせよ、と誘う他者たちのほうへ　「現代詩手帖」二〇〇九年十二月号
アイヌの世界の煌めき、歌の鳥の身じろぎ　「現代詩手帖」二〇一二年十一月号
闇のまま輝く生の軌跡　「現代詩手帖」二〇〇八年二月号
夢の蓮の花の力　「季刊びーぐる」創刊号、二〇〇八年十月

第五章　エクリチュールの共産主義《コミュニズム》のために

何よりもまず、詩人でありたい
『現代詩手帖特集版・シモーヌ・ヴェイユ――詩をもつこと』二〇一二年一月

私たちの今日の詩のために
『現代詩手帖特集版・ブランショ 生誕百年――つぎの百年の文学のために』二〇〇八年七月

「現代詩システム」を食い破るバブル・身体性・大文字の他者
「現代詩手帖」二〇〇九年十一月号

フランシス水車のやうに
「現代詩手帖」二〇〇八年十二月号

私の中から今その声を聴く
「PACE」六号〈特集「洛北出版という天使」〉、二〇一二年四月

終章　詩は未来の闇に抗えるか

死者にことばをあてがえ
「詩と思想」二〇一一年十月号

河津聖恵（かわづ・きよえ）
一九六一年東京生まれ。八四年、京都大学文学部独文科卒業。八五年第二十三回現代詩手帖賞受賞。詩集に『姉の筆端』『クウカンクラーゲ』『Iritis』『夏の終わり』（第九回歴程新鋭賞）『アリア、この夜の裸体のために』（第五十三回H氏賞）『青の太陽』『ハッキョへの坂』『現代詩文庫　河津聖恵詩集』など。詩論集に『ルリアンス――他者と共にある詩』『闇より黒い光のうたを――十五人の詩獣たち』。

パルレシアー──震災以後《しんさいいご》、詩《し》とは何《なに》か

著者
河津聖恵《かわづきよえ》
発行者
小田久郎
発行所
株式会社思潮社
〒一六二―〇八四二　東京都新宿区市谷砂土原町三―十五
電話〇三（三二六七）八一五三（営業）・八一四一（編集）
ＦＡＸ〇三（三二六七）八一四二
印刷所
三報社印刷株式会社
製本所
小高製本工業株式会社
発行日
二〇一五年十二月十五日

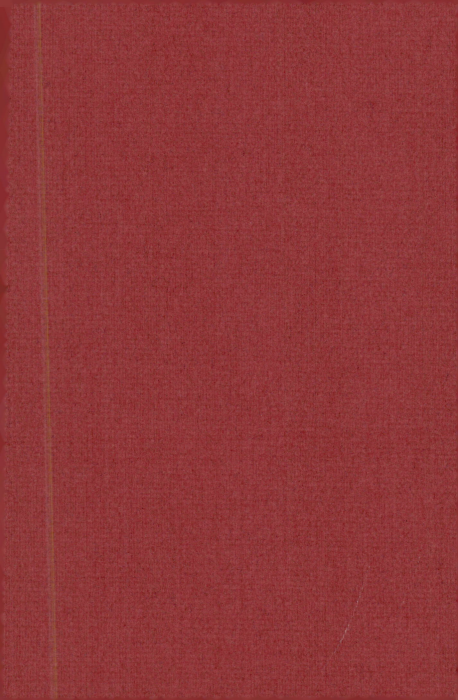